羅逖

Rorty

張國清／著

出版緣起

　　二十世紀尤其是戰後，是西方思想界豐富多變的時期，標誌人類文明的進化發展，其對於我們應該具有相當程度的啓蒙作用；抓住當代西方思想的演變脈絡以及核心內容，應該是昂揚我們當代意識的重要工作。孟樊兄和浙江杭州大學楊大春副教授基於這樣的一種體認，決定企劃一套《當代大師系列》。

　　從八○年代以來，台灣知識界相當努力地引介「近代」和「現代」的思想家，對於知識分子和一般民衆起了相當程度的啓蒙作用。這套《當代大師系列》的企劃和落實出版，承繼了先前知識界的努力基礎，希望能

藉這一系列的入門性介紹書，再掀起知識啓蒙的熱潮。

　　孟樊兄與楊大春副教授在一股知識熱忱的驅動下，花了不少時間，熱忱謹愼地挑選當代思想家，排出了出版的先後順序，並且很快獲得生智出版社葉忠賢先生的支持，能夠順利出版此系列叢書。

　　這套叢書的作者網羅了兩岸學者專家以及海內外華人，爲華人學界的合作樹立了典範。

　　此一系列書的企劃編輯原則如下：

1. 每書字數大約在七、八萬字左右，對每位思想家的思想作有系統、分章節的評介。字數的限定主要是因爲這套書是介紹性的書，而且爲了讓讀者能方便攜帶閱讀，提昇我們社會的閱讀氛圍水平。

2. 這套書名爲《當代大師系列》，其中所謂「大師」是指開創一代學派或具

有承先啟後歷史意涵的思想家，以及
思想理論具有相當獨特性且自成一格
者。對這些思想家的理論思想介紹，
除了要符合其內在邏輯機制外，更要
透過我們的文字語言，化解掉語言和
思考模式的隔閡，為我們的意識結構
注入新的因素。

3. 這套書之所以限定在「當代」重要的
思想家，主要是從八〇年代以來，台
灣知識界已對近現代的思想家，如韋
伯、尼采和馬克思等都先後有專書討
論。而在限定「當代」範疇的同時，
我們基本上是先挑台灣未做過的或做
的不是很完整的思想家，做為我們優
先撰稿出版的對象。

這本書的企劃編輯群，除了包括上述的
孟樊先生、楊大春副教授外，還包括李英明
教授、王寧博士和龍協濤教授等諸位先生。
其中孟樊先生向來對文化學術有相當熱忱的

關懷，並且具有非常豐富的文化出版經驗以
及學術功力，著有《台灣文學輕批評》(揚智
文化公司出版)、《當代台灣新詩理論》(揚
智文化公司出版)、《大法官會議研究》等著
作；楊大春副教授是浙江杭大哲學博士，目
前任教於杭大，專長西方當代哲學，著有
《解構理論》(揚智文化公司出版)、《德希
達》(揚智文化公司出版)等書；李英明教授
目前任教於政大東亞所，著有《馬克思社會
衝突論》、《晚期馬克思主義》(揚智文化公
司出版)、《中國大陸學》(揚智文化公司出
版)等書；王寧博士現任北京大學英語系教
授，「中國比較文學學會後現代研究中心」
主任、「國際比較文學協會出版委員會」委
員、「中美比較文化研究會」副會長、北京
大學學報編委；龍協濤教授現任北大學報編
審及主任，並任北大中文系教授，專長比較
文學及接受美學理論。

　　這套書的問世最重要的還是因爲獲得生
智出版社董事長黃亦修先生的支持，我們非

常感謝他對思想啓蒙工作所作出的貢獻。還
望社會各界惠予批評指正。

　　　　　　　李英明　序於台北

序言

　　理查・羅逖（Richard Mckay Rorty）
無疑是不久前從西方介紹過來的最時髦哲學
家之一。在最近十多年裡，羅逖哲學是國內
外專業雜誌中討論最多、爭論最多的話題之
一。在討論中，有人對羅逖哲學給予了高度
評價和充分肯定，有人甚至認定，羅逖是長
期以來第一位被歐洲認真估量的美國哲學
家，也有人對羅逖哲學提出了批評和詰難，
甚至聲稱羅逖哲學是一個精神分裂的綱領，
稱其理論基礎是虛弱的和不穩固的，理論結
構是拼湊的和混合型的，理論傾向是不適當
的和不可接受的，理論實質是簡單的及庸俗
的。

　　那麼，羅逖哲學究竟如何？羅逖本人對哲學及其他學科究竟說了些什麼又做了些什麼？這些問題成為我近幾年最關注的焦點。幾經努力，當我對羅逖哲學有了一個自以為比較深入的了解之後，便決意撰寫一本較系統地介紹羅逖哲學的小冊子，本書便是這個努力的結果。

　　鑑於羅逖是一位目前仍然健在而且十分活躍的哲學家——他的思想仍然處於發展之中，我們只能對他已經完成的思想作出評述。至於羅逖哲學究竟應作何評價，研究者們可以仁者見仁、智者見智。只是本人論述中的疏漏和偏執惟恐難免，祈望學界前輩和同仁指正。

　　最後，感謝生智出版社促成了本書的順利出版，並感謝孟樊先生給予的具體幫助。

張國清　謹序

目　錄

　　本書試圖系統性地介紹羅逖哲學在今日
世界花園裡引起爭論的那些方面，並且說明
羅逖哲學顯得令人信服的原因。限於篇幅，
本書主要從下列幾個方面予以探討：羅逖哲
學的印象、羅逖的反再現論、羅逖的後哲學
文化觀、羅逖的社會理想理論。本書的特點
是根據掌握的第一手資料，著眼於理解和闡
釋羅逖哲學，並且從解釋者的立場而非批評
者的立場來解讀羅逖哲學。當然，筆者對羅
逖哲學提出了自己的一些看法，不過，筆者
把對羅逖哲學的評判工作主要仍留給讀者去
完成。

　　首先，是關於羅逖哲學的一般印象。主
要是對羅逖的生平、著作與思想作一初步的
考察。本章試著對羅逖哲學產生的理論背
景、發展軌跡、思想來源作出系統探討，並
概述羅逖哲學的幾個基本概念，這些基本概
念在後面章節中將有更詳盡的論述。

　　其次，是關於羅逖的反再現論。本章主
要分析了羅逖的一種激進的後現代主義哲學

觀：反再現論。它是羅逖對於西方傳統哲學
及其變種：本體論、認識論、再現論、分析
哲學、語言哲學、科學實在論和反實在論的
否棄和超越。筆者認為，羅逖的反再現論產
生了兩大後果：

1.否棄了大寫的眞理和大寫的哲學，終
結了傳統意義上的哲學研究活動。

2.宣告了文化基礎主義時代的終結，預
示了後哲學文化時代的到來。

第三，是關於羅逖的後哲學文化觀。本
章將探討大寫的哲學（系統哲學）消亡以後
諸學科將面臨的各種境況。預測在後哲學文
化中哲學、文學、科學、政治等各將以一副
什麼樣的面目出現，諸學科間將發生什麼樣
的關係。

第四，是關於羅逖的社會理想理論。本
章以「文化、眞理和自由」爲標題，將探討
羅逖對未來社會、未來文化、未來知識分子
作出的各種理想化的烏托邦式的描繪，並著

重探討了在未來社會中「自由反諷人」這一
嶄新的未來知識分子形象。

　　最後，是本書對羅逖哲學給出了一個總
體評價。筆者認為，羅逖向我們呈現了一個
未來哲學的新形象，「擬文學」的哲學。羅
逖哲學為未來世界的多元化現實提供了很好
的哲學論證，羅逖哲學中蘊含著一種世界和
平主義的理想，並預示了東、西方文化在更
加廣泛的範圍裡，實現融合的理論前景和實
際可能性。

第一章
羅逖哲學的初步印象

一、羅逖的生平和著作

　　理查·羅逖（Richard Mckay Rorty）是當代美國最重要的哲學家之一。羅逖試圖一下子解決所有的哲學問題，並試圖挫敗每一種與己不同的哲學見解：左的、右的、唯物的、唯心的、傳統的、後現代主義的……。他力圖在分析哲學陣營中，特別是在英美哲學與大陸哲學的溝通中走出一條新路，給出一個未來哲學的新形象，並於最終給出一個未來文化的新形象。

　　1931年，羅逖出生於美國紐約。十四歲進入芝加哥大學哲學系，1949年和1952年先後在芝加哥大學獲得學士和碩士學位。1956年在耶魯大學獲得哲學博士學位，隨即在該校任哲學講師。1957～1958年服兵役，退役後到韋爾斯利學院任哲學講師。1960～1961年在

該學院任助理教授。1962年以後，在普林斯頓
大學哲學系從事分析哲學的教學和研究工
作，長達二十年之久，歷任助理教授、副教
授、教授。1982年離開普大，擔任維吉尼亞大
學凱南人文科學講座教授至今。

　　1979年，羅逖曾經擔任過美國哲學協會
東部分會主席，1985年曾到中國的北平和上
海以及日本講學，他本人也多次到歐洲各國
講學。西方有些學者評論道：「羅逖是長期
以來，第一個被歐洲認真估量的美國哲學
家。」（《紐約時報》1990年12月2日）羅逖
是在分析哲學陣營中走出來的新實用主義哲
學家，他的思想形成與家庭的薰陶及實用主
義哲學家胡克(Hook)和杜威(Dewey)的影
響是分不開的。羅逖的父親詹姆士·羅逖是
一個自由主義者，他與美國著名的實用主義
哲學家胡克交往甚密。父親的自由主義思想
對羅逖產生了重大影響，羅逖常以繼承家庭
的自由主義傳統而自豪。羅逖聰明早慧，學
生時代書卷氣十足，不善交往。在中學讀書

時，曾幾次跳級，年僅十四歲即考入大學。
十七歲時，他接受胡克的勸告和鼓勵，立志
成為一名哲學家。從此以後，他專心於哲學，
在分析哲學和實用主義哲學領域頗有建樹。
然而，有趣的是，在他從事了二十多年分析
哲學的研究之後，轉而抨擊分析哲學和傳統
哲學，主張對於人生來說更為重要的是文學
而不是哲學。他的著作中心思想是：哲學家
並沒有特別的知識、特別的洞察力和特別的
方法來解決人生的重要問題。相反地，小說
家和詩人比哲學家告訴我們的更多而且更重
要。這種反傳統、反分析、反理論的觀點，
正是羅逖引起英美和大陸哲學家重視和爭議
的緣由所在。由於羅逖對分析哲學和傳統哲
學的批評激怒了他的同行，羅逖在普大哲學
系變得十分孤立，他被認為是一個想法古怪
的人。1982年，他不得不離開他長期工作的普
林斯頓大學哲學系，到維吉尼亞大學去擔任
人文科學的教授。當然，我們可以從羅逖學
術活動的變遷中看到某種象徵：羅逖逐漸地

疏遠分析哲學和傳統哲學而向著人文科學，
如文學評論、詩歌小說、政治學接近。

　　鑑於羅逖是一位目前尚健在而且是十分
活躍的哲學家，我們對他的生平不宜作過多
的評述。

　　了解一位哲學家的思想莫過於直接地閱
讀他寫的著作和文章。就羅逖的著述而言，
除了《哲學和自然之鏡》（*Philosophy and the
Mirror of Nature,* Princeton University
Press, 1979）和《隨機性、反諷和協同性》
（*Contingency, Irony, and Solidarity,* Cam-
bridge, 1989）是以專著的形式發表之外，其
餘的著作大多是以專題論文的形式發表的，
其中有的已編撰成論文集出版，如《實用主
義的後果》（*The Consequences of Prag-
matism,* Minneapolis, 1982）、《客觀性、相
對主義和真理》（*Objectivity , Relativism,
and Truth,* Cambridge, 1991）、《論海德
格及其他哲學家》（*Essays on Heidegger
and Others,* Cambridge, 1991）。羅逖還與

他人合作編撰過一些哲學會議論文集或哲學專題論文集，例如，他曾作長篇序言的《語言學的轉折》（*The Linguistic Turn： Recent Essays in Philosophical Method,* 1967）以及《史學中的哲學》（*Philosophy in History,* Cambridge, 1984）等。無疑地，上述專著和論文集是我們了解羅逖哲學的第一手資料。此外，羅逖的中文版著作《後哲學文化》（黃勇編譯，上海，1992年）收錄了上述論文集中沒有收錄的一些重要論文，也是我們研究羅逖哲學的重要資料。羅逖的思想和著作已被譯成中、德、日、法、意、西、葡等國文字，在世界各地正產生著廣泛而深遠的影響。

二、羅逖哲學的理論背景

　　長期以來，以追求智慧或真理自許的哲

學家們，大多是以在人的內在心靈與世界之
外，在實在之間建立起某個終極的、穩固聯
繫的中介者身份出現的。儘管前驅哲學家的
嘗試難得有實質性的進展，但是，後繼者們
仍然樂此不疲地努力著，爲完成那個終極目
標而苦思冥想著。作爲這種努力的結果，在
這段期間，曾經存在過許多雄偉壯觀的精神
宮殿。例如，柏拉圖（Plato）、亞里斯多德
（Aristotle）、笛卡兒（Descartes）和康德
（Kant）等人都曾是那些殿堂中的主人。然
而，物換星移，隨著時代的變遷，這諸多精
神宮殿終究化解爲一堆堆精神廢墟，僅能供
後來者追溯和回憶而已。

　　1816年，當黑格爾（Hegel）在海德堡
大學講授哲學史的時候，他已經非常清楚地
認識到，哲學家們的那種嘗試是一項注定要
失敗的工程。哲學史不是一部發現眞理的歷
史，而是一部發現謬誤的歷史。哲學是一系
列謬誤的發現。但是，黑格爾不僅沒有去中
止這項荒謬的工程，而且寫下了哲學史上最

為壯觀的一頁。也就是說，黑格爾明知自己的哲學研究活動是一項根本性的自欺活動，但是他仍然捨不得丟棄它，反而為它作出了最為賣力的辯護。這樣，西方傳統哲學，從古希臘柏拉圖的理念論和亞里斯多德的形而上學，到近代笛卡兒的二元論和康德的批判哲學，都沒有自覺到人類自身的這種根本性自欺活動，從而為之找到一條有效的解脫途徑。究其原因，在於人類對哲學發展史或精神發展史的反省還沒有達到這個層次和高度。

不過，在黑格爾之後，與追求終極問題之西方哲學和文化傳統相左的另一股社會思潮正悄然湧起。以馬克思和尼采開其端，杜威和詹姆斯緊隨其後，要求變革社會現狀的思想觀念在整個世界範圍裡流傳開來。要求變革傳統道德觀念、傳統文化觀念、傳統政治觀念和傳統社會觀念的呼聲，幾乎成了正在走向或想要走向現代文明的民族中知識分子的共同呼聲。海德格（Heidgger）高瞻遠

矚，將這場全球性的社會劇變稱爲否棄本體論神學傳統的運動。這個運動發展到最近，就其在哲學領域的表現而言，又進一步演變成一個要從根本上終結西方哲學傳統及其變種的運動。這個運動在今天有一個時髦的名詞：後現代主義。

拉岡（Lacan）、詹明信（Jamson）、高達瑪（Gadamer）、李歐塔（Lyotard）、德希達（Derrida）和哈山（Hassan）等，都是積極參與並領導這個運動的佼佼者。他們不是把注意力引向傳統學術所討論的問題域、傳統的學術主題，而是指向諸學科的邊緣領域和縫隙地帶，在那裡確立了新學術、新思想的生長點。這些人的學術活動的共同特點是：認定自己的活動不是向某個中心、某個實在、某個大寫的眞理逼近，而是對它們的不斷偏離，他們拋棄了傳統學術討論的話題，提出了一些新話題。他們對不同類型的人類活動（哲學、宗教、科學、政治、藝術）採取一視同仁的態度，認爲具有不同名

稱的這些學科只存在風格上、用途上的差異，而不存在等級上、層次上的差異。他們把西方傳統哲學的那種系統嘗試稱為「失敗的」而非「錯誤的」嘗試。「錯誤」的反面是「正確」，「失敗」的反面是「成功」，他們以這種語詞的改變來表示其談論話題的轉變。

他們認定，把心與物，思維與存在，語言與對象聯結起來的哲學之橋，實際上是無法引導人們到達彼岸的，是無法向著客觀的真理趨近的。正如宗教沒有成功一樣，哲學也沒有成功。其他學科，如科學，也不可能成功。人們只能永遠歷史地、暫時地、偶然地、而又無可奈何地滯留在此岸。因此，既然尋求最後的、終極的哲學之橋是不可能的，那麼，不如坦然地放棄這種嘗試。

這樣，在他們看來，傳統的哲學研究活動，已經不再是一項為整個文化或諸學科奠定基礎的「畫龍點睛」式的工作，而成為其他學科的知識分子所懷疑和拒斥的「畫蛇添

足」式的胡扯。他們當中，先是有人提出了
本質論神學文化的不可能性，繼而有人提出
了哲學文化的不必要性和不可能性，因而產
生了後本質論神學文化觀和後哲學文化觀。
在後哲學文化中，他們認爲不存在一個後繼
的替代者來填補哲學留下的空缺，諸如科學
和文學都不能取代哲學而成爲未來文化的基
礎。因而未來文化將是一種無根基的、無中
心的、無學科之等級劃分的多元文化。它將
是後神學文化、後哲學文化和後科學文化的
一個綜合。

　　羅逖的哲學思想就是在這樣一個理論背
景中產生的。而且，作爲後來者，羅逖爲那
個運動提供了既深入細緻又系統全面的哲學
論證。不過，羅逖是非常謹愼地使用「後現
代主義」（post-modernism）一詞的。他倒
是更加喜歡自稱爲「後尼采」（post-
Niezsche）的哲學家，以表示自己對於後現
代主義思潮中的某些傾向持有冷靜的批判態
度。

三、羅逖哲學思想的發展軌跡

從昔日立志成為一名哲學家的自信少年，到今天真正成為一位到處受人關注、受人敬重的偉大哲學家，羅逖經歷了將近五十年的風風雨雨，這其間，羅逖經歷了兩大思想轉折和三大思想發展階段。

第一個思想轉折發生在1967年前後，具體表現為羅逖由分析哲學的熱烈支持者和研究者，轉變成分析哲學的冷靜反省者和激進批判者。這是一場發生在羅逖內心的哲學革命，作為這場革命的結果是羅逖拋棄了分析哲學。

第二個思想轉折發生在1980年前後，隨著《哲學和自然之鏡》的發表，羅逖超越了專業哲學家的狹隘領域的局限性，進一步拓寬視野，把目光投注到非分析哲學的、甚至

非哲學的廣大人文學科領域，這是羅逖學術
陣地的大轉移。在這之後，羅逖不斷地完善
著其後哲學文化觀念，企圖在專業哲學家之
外尋求同情者，在學術外圍擴大其影響。

　　羅逖的第一個思想轉折是消極的和批判
性的，其結果導致了羅逖對是否存在著哲學
這樣一門學科的根本懷疑。羅逖的第二個思
想轉折是積極的、建樹性的。羅逖在犧牲哲
學尤其是分析哲學的同時，替哲學家們開闢
了可以討論的新話題，即發展了哲學和其他
學科的一種新型關係，發展出了哲學家和其
他知識分子之間的一種新型關係。

　　這樣，以羅逖的兩次思想轉折為界線，
羅逖哲學思想的發展經歷了三個階段，它們
分別是：

㈠注重分析哲學，忽視人文哲學

　　羅逖的哲學生涯開始於對分析哲學的推
崇和研究。在羅逖的青年時代，正好是邏輯
實證主義哲學大為盛行的時代。1951年，當萊
欣巴哈（Reichenbach）的《科學哲學的興

起》（_Rise of Scientific Philosophy_）一書
出版時，二十歲的羅逖正在芝加哥大學攻讀
哲學碩士學位，當時卡爾納普（Carnap）、
亨佩爾（Hempel）、費杰爾（Feigl）、萊
欣巴哈、柏格曼（Bergmann）和塔爾斯基
（Torski）等實證主義哲學家受到了青年
大學生們的頂禮膜拜。他們的學說成了美國
大學哲學系開設的研討班中討論得最多的話
題。美國杜威的實用主義哲學和歐洲大陸的
非分析哲學受到了拒斥和冷落。

　　和其他年輕哲學家們一樣，羅逖當時以
爲自己有幸生活於一個分析的時代，相信在
這個時代，歷史上遺留下的所有哲學問題，
透過縝密而有效的邏輯分析，都可以獲得令
人滿意的解決。在那個時候，羅素（Rus-
sell）的摹狀詞理論，弗雷格（Frege）的涵
義和指稱理論，塔爾斯基的語義學理論，都
被認爲是對於某個具體哲學問題的解決範
例。因此，受到了像羅逖這樣的青年哲學家
們的廣泛認同。相應地，圍繞分析哲學之核

心學科：認識論、語言哲學、形而上學而展開的討論培養了新一代的分析哲學家。

面對這樣一個最基本的學術背景，青年羅逖除了研究和關注分析哲學的最新進展之外，別無選擇。這種情況一直延續到六〇年代中期。顯然地，在邏輯實證主義哲學、分析哲學佔據主導地位的情況下，屬於非分析的、偏重於人文主義傾向的哲學家，如尼采和杜威，受到了青年羅逖的忽視。1967年在編輯《語言學的轉折》並為該書撰寫長篇序言時，以及在同期發表的一系列論文中，羅逖顯然是分析哲學及其最新變種語言哲學的熱情研究者和支持者，並且藉由那篇序言，他確立了在美國哲學界的地位，因而成為分析哲學領域的後起之秀。

在這個時期，羅逖的哲學思想可以簡要地概括如下：

1.相信存在著某些特殊的問題是哲學問題。

2.相信這些哲學問題透過一定的方法論途徑，最終可以獲得完全的解決。

3.分析哲學和語言哲學為解決那些哲學問題提供了最有效的、最科學的途徑。

在這個階段，羅逖是一名典型的分析哲學家。羅逖還未形成具有自身特點的哲學觀點，或者說，真正的羅逖哲學尚未產生。

㈡批判分析哲學，全面反省西方哲學傳統

青年時期的羅逖儘管熱衷於研究分析哲學，但是他從來不是那個運動的盲目信奉者和追隨者。這一點在其為《語言學的轉折》撰寫的序言中就有明確的暗示。在那篇序言中，羅逖提出了未來哲學發展的六種可能性，其中特別提到，哲學由認識論轉向語言哲學可能並不是哲學的出路。他當時已經預見到，語言的轉向將可能被視為導向了一個死亡的結局。因此，我們可以作這樣的推測，羅逖當時所以會滯留在分析哲學的陣營中，是因為他還沒有找到一種比分析哲學更適合

的討論話題和討論方式。後來，在當時具有
實用主義傾向的分析哲學家塞拉斯（W.
Sellars）和奎因（Quine）的啟示下，羅逖
開始對西方哲學傳統和分析哲學進行深刻的
反省。透過全面地清算分析哲學中的再現論
（representationalism），羅逖逐漸地向著
美國實用主義和歐洲大陸的人文主義傾向的
非分析哲學靠攏，形成了一套具有自身特點
的比較新穎的哲學主張。如此從1969年開始
構思《哲學和自然之鏡》到1979年，終於出
版這部宣判分析哲學之死刑的哲學專著的這
段時間裡，羅逖哲學思想和青年階段相比，
發生了一個質的轉變。

　　從七〇年代開始，羅逖哲學逐漸地走向
了分析哲學、現象學、科學哲學（實在論和
反實在論）的對立面。羅逖在認定這些最新
發展起來的哲學流派並不高（明）於其他人
文學科（如文學、詩歌）的同時，否棄了哲
學或科學在文化中的基礎地位，並進一步提
出了一種新型文化觀念：後哲學文化觀念。

因此，在這個階段，羅逖的哲學具有明顯的
後現代主義傾向，這個傾向蘊含著羅逖研究
哲學之重心的一次重大轉移。

在這個階段，羅逖的哲學思想可以簡要
地概述如下：

1.從古希臘（以柏拉圖的理念論爲代
表），經近代哲學（以笛卡兒二元論和康德
批判哲學爲代表）到現代哲學（以胡塞爾現
象學、羅素和早期維根斯坦（Wittgen-
stein）的分析哲學爲代表），西方哲學有一
個一以貫之的傳統，即企圖對知識體系進行
等級劃分的系統努力，從而認定某些學科是
那個知識體系中的基礎學科，另一些則是非
基礎學科。

2.西方哲學傳統的那個系統嘗試是失敗
的，分析哲學和語言哲學都無法挽救那個傳
統。

3.人文學科在十九、二十世紀的興起使
得哲學原來獨佔的知識領域和社會功能讓位

或分享於其他學科。

　　4.隨著哲學與科學、文學、詩歌、政治學、宗教等之界限的淡化和消亡，預示著一個新文化時代：後哲學文化時代的到來。

㈢全面闡述後哲學文化觀念，向人文主義哲學全面復歸

　　在七〇年代，羅逖的許多激進的、帶有革命性的、對哲學本身甚至具有毀滅性的論點是相當倉促且粗糙地提出來的。羅逖不得不依憑於他人的思想來闡發自己的觀點，結果常常導致被引用者和其他讀者的不滿，指責他曲解了被引用者的原意。當時的羅逖確實善於提出各種大膽的論點，而不善於對它們進行縝密的論證和辯護。進入八〇年代以後，這種情況已大有改觀。我們看到，羅逖已徹底擺脫了傳統哲學的糾纏，可以自由地站在學術爭論的外圍來審視哲學和整個文化的關係，從而能夠從容不迫地闡發他獨創的後哲學文化觀念。隨著其研究視野的日益開

拓，羅逖將自己的哲學思想提升到了第三個
階段。

在這個階段，羅逖以「自由反諷人」
(liberal ironist) 的形象活躍於美國學術
界。「哲學」和「哲學家」在他那裡只具有
某種諷喻的意義。透過發表《隨機性、反諷
和協同性》、《客觀性、相對主義和真理》、
《論海德格及其他哲學家》，羅逖將研究領
域進一步擴張到了哲學以外的文學、史學、
政治學、心理學等領域，從而使自己的思想
在更為廣泛的學科領域裡產生著影響，羅逖
終於跨出了專業哲學家的局限而躋身於當代
世界大思想家的行列。

羅逖在這個階段的哲學思想可以簡要概
括如下：

1.繼續清算西方哲學傳統以及其最新變
種，把批判矛頭指向科學實在論和反實在
論。

2.尋求分析哲學和歐洲大陸哲學融合的

新出路。

　　3.進一步復活杜威實用主義哲學，將它作為替代分析哲學的首要備選者。

　　4.引導當代西方哲學主題的轉向，以對於社會現實和實踐的關注取代對於形而上的認識論問題的關注。

　　5.倡導一種未來知識分子的新生活方式：自由反諷人的生活方式。

　　6.構想一個未來的烏托邦社會。

四、羅逖哲學思想的幾個來源

　　任何一種新思想的產生，都離不開產生它的歷史先驅和它在當時的競爭對手或論辯對手。羅逖的哲學思想既是對他的歷史先驅之思想的一個重大發展，又是在和不同對手的論戰中成熟起來的。誠如他自己所說，他

的思想既對周圍的世界產生了影響，也接受
了周圍世界對他的影響。

我在介紹羅逖哲學思想發展軌跡時就已
提到，羅逖首先是一個分析哲學家，然後才
是一個反分析哲學家或非分析哲學家。羅逖
是在分析哲學的薰陶和培養之下成長起來
的，他曾是那個運動的熱情追隨者。因此，
儘管羅逖後來成爲分析哲學的最激進批判
者，但是我們仍然看到，即使到了今天，羅
逖並沒有全盤否定分析哲學，而是肯定了分
析哲學中的某些最新發展趨勢，而且成爲那
種新趨勢的熱情支持者和辯護者。羅逖曾坦
言，他的哲學研究的大部分內容，在於重述
和發展由一些分析哲學家所提出的論點，如
塞拉斯、奎因、戴維森（Davison）、普特南
（Putnam）、賴爾（Ryle）以及維根斯坦
等人的論點。他從他們的思想中發展出了一
種對哲學這門學科帶有毀滅性的論點：「對
哲學本身這個觀念，對一門希臘人設想過
的，康德曾認爲已經給予我們的那種學科的

可能性，抱有懷疑。」當然，從羅逖後來和
其中尚健在的分析哲學家實際爭論的情況來
看，他們大多否認了羅逖指出的這種新的哲
學發展傾向。

　　羅逖還到非分析哲學陣營中去尋求支持
者，他發現他在那裡比在分析哲學中更容易
找到自己的思想先驅。他發現，馬克思、尼
采、杜威、海德格等人早就對凌駕於諸學科
之上的「第一原理」表示了否定。這樣，他
們引導他走向了歷史主義。此外，羅逖從最
近幾位歐洲大陸哲學家：德希達、傅柯、高
達瑪身上看到了以一種非哲學的方式來討論
哲學（如果它還繼續存在的話）文化的可能
性。羅逖從他們那裡嫁接過來一種新的話題
和新的談話方式，從哲學和其他學科的實際
關係，哲學和整體文化的實際關係，從哲學
的邊緣來反省哲學。正是受他們的哲學思想
的啟示，他提出了一種後現代主義的文化
觀：後哲學文化觀。

　　隨著其具有反叛精神的哲學思想在本學

科內之影響的日益擴大，羅逖哲學受到了哲
學陣營中保守的習慣勢力的攻擊和批判。爲
此，羅逖進一步到哲學學科之外去尋求同情
者。羅逖把目光投注到了整個文化領域，尤
其是人文學科領域，他到那裡去尋求同盟
者，尋找可以討論的新話題。如此，在文藝
理論、詩歌小說、宗教、心理學、歷史學、
政治學等學科領域裡，存在的某些否定哲學
在文化中之基礎地位的思想傾向，都成了羅
逖爲自己作辯護的有力武器，像普魯斯特
（Proust）、那波可夫（Nabokov）、奧威
爾（Orwell）、德‧曼（de Man）、佛洛依
德（Freud）、羅爾斯（Rawls）都成了他的
思想同盟者。羅逖在那些領域尋求支持的同
時，也對那些學科產生了一定的影響，那些
影響又回饋過來，成爲羅逖思想的新源泉。

最後，當今世界在政治、經濟、軍事、
文化諸方面的多元化趨勢，不能不說對羅逖
哲學思想的形成和發展產生著直接的影響。
1985年，羅逖曾到中國和日本進行講學訪

問。東方文化在當代的復興給羅逖留下了深
刻的印象。這種印象在羅逖以後撰寫的某些
重要論文中都有不自覺的流露，以至於當我
細究羅逖所謂的後哲學文化的底蘊時，我日
益覺得它隱含著對非西方文化，尤其是倡導
溫文爾雅、文質彬彬之中庸思想的中國儒家
文化的崇敬和嚮往。也就是說，羅逖在為未
來的民主自由社會構畫藍圖的時候，把目光
不自覺地投向了東方。我們可以這樣說，羅
逖1985年的東方之行促成了他的「民族中心
論」思想的最終完成，而這個思想是其後哲
學文化觀的核心。

　　總而言之，羅逖哲學既有哲學學科內部
的來源，又有非哲學學科的外部來源；既有
西方文化的來源，又有非西方文化的來源。
正是這諸多思想來源，使得羅逖能夠站在社
會歷史發展的前沿，去展望世界文化發展的
最新趨勢。正是這諸多思想來源造就了一個
貫通古今，連結東西的集合創新性、深刻性、
革命性、系統性於一體的哲學大家。

五、羅逖哲學的基本概念

　　透過對於羅逖哲學思想之發展軌跡和諸
多來源的簡要概述，我們看到，羅逖較好地
把握住了當代西方社會時代精神發展的脈
搏，揭示了當代西方社會面臨的一系列嚴峻
的理論難題和實踐難題。從整體上看，羅逖
無疑地是當代中產階級民主政治的辯護士，
但是，他使用的措辭又大大反常於西方傳統
辯護士慣用的常規語言。在構建其哲學思想
時，羅逖既從他人那裡借鑑了許多專業術
語，又杜撰了一些新的哲學概念，它們共同
構成了羅逖哲學體系的基本框架。因此，在
全面地展開討論羅逖哲學之前，我們不妨先
熟悉一下羅逖哲學的基本概念。它們是：後
哲學文化、新實用主義、民族中心論、反本
質主義（反基礎主義）、反再現論、教化哲

學等等。下面分別介紹之：

1.後哲學文化（post-philosophical cul-ture）：這是羅逖倡導的一種後現代的多元文化，一種無基礎的、無中心的，無明確學科劃界的、無人類精神活動之等級劃分的文化。

2.新實用主義（new-pragmatism）：羅逖透過取消認識論，以對社會現實問題的關切取而代之的方式而復興的杜威式的實用主義哲學，其所標榜的一個最著名的口號是「民主先於哲學」（democracy prefer to phi-losophy），意即實踐先於理論、行動先於認識、政治學先於認識論。

3.民族中心論（ethnocentrism）：又譯成種族中心主義，羅逖認為這是作為團體而生存的人類無法逃避的一個處境。不過，他主張人類能透過對話、協商等較開明的方式達成多種不同團體、文化之間的和睦相處。開明性、開放性、協同性是羅逖處理各種團

體及文化之關係的基本原則。

4.反諷自由論 (ironical liberalism) ：
羅逖所倡導的在未來社會中個體針對他自己
的私人事務和生活方式的一種基本態度。羅
逖把「自由反諷人」作爲西方民主社會中理
想的知識分子形象，他們是一些以尋求自我
發展、自我富足、自我實現爲目標的個體。

5.反本質主義 (anti-essentialism) ：
羅逖所倡導的一種反傳統哲學主張，它試圖
透過否棄心與物，圖式和內容等，二元劃分
來達到反對理性中心主義、邏輯中心主義及
語言中心主義的目的，羅逖認爲上述諸「中
心主義」是西方本質論神學傳統的具體形
態，在後哲學文化中必須予以否棄。同時，
羅逖還否認哲學或科學是文化的基礎，反對
尋求某個非歷史的先天知識構架作爲人類活
動的前提，同時斷定哲學、科學、藝術、宗
教諸學科各有其目的，各有其存在理由，不
可互相取代。

6.反再現論(anti-representationalism)：

羅逖認為，認識活動不是主觀符合客觀的鏡像式的反映過程和符合過程。也不是主體發現客觀實在（真理）的發現過程，而是一個創獲過程。這個創獲過程不是主體向客體的不斷逼近過程，而是作為個體「我」和作為團體的「我們」的不斷擴充的過程。

7.教化哲學(edificational philoso-phy)：系統哲學被否定以後，羅逖認為，以治療性、對話性、反諷性、遊戲性、隨機性等為特點的教化哲學仍將存在下去，教化哲學是一種私人化的哲學，它只成就個體自身，而不成就對象或他人。

第二章
拒斥像喻

一、哲學不是什麼？

「哲學不是什麼？」是羅逖面臨的第一大學術問題。正如古代的反數學家也是數學家一樣，當代的反哲學家仍然是哲學家。因此，當羅逖提出了一系列反哲學觀點的時候，他的觀點除了仍然被稱為哲學之外，我們沒有其他更恰當的語詞來稱謂它。這裡似乎存在著一個矛盾，我們希望能在後面的解釋中消解這個矛盾。

首先，羅逖以西方哲學傳統及其在現代的變種：英美分析哲學和歐洲大陸哲學的激進批判者姿態出現在今日西方學術界。作為一位從那個傳統中衝殺出來且給予重創的哲學家，羅逖一方面宣告了西方哲學傳統為人類精神活動尋求某個基礎，並對它進行等級劃分的系統嘗試的不可能性和不妥當性，進

而終結了那個傳統。另一方面,羅逖並不試圖尋求哲學文化或科學文化的後繼者,並不試圖實現某種新的綜合,羅逖只想改變西方哲學和西方文化的整個形象。羅逖提出了一種新型的文化:後哲學文化,並由此引發了當代西方哲學主題的一個重大轉向,即放棄對於哲學理論的首要關注,以對於社會現實的關注取而代之。

如此,羅逖的哲學一提出便引發了西方學術界一場熱烈而持久的討論。儘管羅逖最近在其哲學論文集《論海德格及其他哲學家》的序言中曾流露出因自詡為「後現代主義的」哲學家而後悔的心跡,他似乎更喜歡自稱為「後尼采」或「尼采之後」的哲學家。但是我們看到,當羅逖如此說的時候,他顯然是「後現代」的:「在我看來,我們不應該問科學家、政治家、詩人或哲學家是否高人一等。我們應該按照杜威實用主義精神不再去探討一個精神生活類型的等級系統,我們應該把科學看作適用於某些目的,

把政治、詩歌和哲學（不被看作一門超級學科，而是看作根據過去的知識對目前思想傾向的一種明達的批評活動）都看作各有其目的。我們應該摒棄西方特有的那種將萬事萬物歸結為第一原理，或在人類活動中尋求一種自然等級的誘惑。」

　　我們認為，上面這段話充分地反映了羅逖的思想。從這段話中，我們至少可以引申出這樣一些要點：

　　1.在人類精神生活類型中不存在某門超級學科。

　　2.作為「第一原理」的哲學具有「非自然性」，對於這種非自然性的揭示，依賴於對於在人類活動中尋求一種自然等級的誘惑的揭示。

　　3.在文化整體中，每一門學科都有自己的目標，是不可互相替代的。

　　4.這段話的核心思想在於——對是否存在有一種稱作「哲學」的自然人類活動的懷

疑。

　　由於對第一原理的探尋以及對人類活動進行等級劃分的系統嘗試構成了西方哲學傳統的主題。羅逖要否棄的正好是這個主題，羅逖主張去談論另外一些更有生氣、更有趣味的話題。這樣，羅逖對待哲學的態度便具有了非常明確的後現代主義傾向，這個傾向和下述羅逖的思想是完全吻合的：即使哲學真的消亡，它對人類的生活也不會產生重大影響。

　　從表面看來，羅逖的說法似乎太火爆了些，但是我們如果把他要否棄的那種「哲學」理解成某個「哲學傳統」或者「以哲學為基礎的文化傳統」，那麼他的說法就會顯得容易接受一些。此外，羅逖的說法畢竟是一個假定而非事實。哲學可以消亡和哲學在當前或二十一世紀真的會消亡畢竟是兩碼事。

　　簡言之，「哲學不是什麼？」的問題，

暗含著以下三個問題：「哲學曾經是什麼？」、「哲學現在是什麼？」和「哲學將來是什麼？」。對第一個問題的回答，構成了羅逖對西方哲學傳統之批判的主要內容；對第二個問題的回答，構成了羅逖對那個傳統之變種再現論之批判的主要內容；對第三個問題的回答，構成了羅逖自己所倡導的實用主義之反再現論的主要內容。這些回答構成了羅逖有關哲學以及哲學與文化之關係的最基本的見解，也是他被稱為後現代主義哲學家的根據所在。至於以反哲學的哲學家形象出現的羅逖究竟對哲學說了些什麼和做了些什麼，還須我們作更加細緻的審察。

二、羅逖對西方哲學傳統的批判

　　西方哲學有一個淵遠流長的邏各斯中心主義（logos-centerism，又譯為理性中心主

義、語言中心主義）傳統。這個傳統明確地
劃分了兩個世界或兩個知識領域：本質和現
象、形而上和形而下、存在和思維（心、語
言）、圖式和內容、彼岸和此岸等等。一方
面，這個傳統假定在世界的某個地方必然存
在著某個絕對真理，本質或實在則有待於人
們去發現、去認識，而且斷定哲學的任務就
在於論證那個真理的存在並揭示求達真理的
各種途徑。另一方面，這個傳統又假定在主
體身上存在著某個非歷史的、先天的認識構
架，能夠反映或再現那個真理。而且，其他
學術觀點，無論是自然科學方面還是精神科
學方面的，都必須以對於這個傳統中提出的
哲學問題的解答作為最根本的原則和出發
點，因而理所當然地，對於某種哲學觀念的
首要關注，便成了對於其他人類精神活動關
注的前提。

　　羅逖透過對西方哲學傳統前提的揭示，
既批判了那個傳統，又批判了以那個傳統為
基礎的文化。在《哲學和自然之鏡》的原序

一開頭，羅逖就坦率地表示自己自始至終關切著哲學問題出現、消失或改變形態的方式。他斷定它們都是一些新的假定或新的詞彙出現的結果，為此，他主張在認真地對待某個哲學問題之前，應該先對那個假定進行質疑。羅逖自稱他的這項質疑工作受到兩位哲學家的啟發，即塞拉斯和奎因。前者對「既與」（the given）神話展開了嚴厲批評，後者對語言——事實的區別表示了懷疑。羅逖把這兩人的工作結合起來，並且比他們走得更遠：「我一直企圖將近代哲學問題背後更多的假定抽離出來，希望能使塞拉斯和奎因對傳統經驗論的批評普遍化和擴大化。」由此，羅逖開始了對西方哲學傳統的批判。

羅逖指出，在西方近代哲學史上，唯理論和經驗論的爭論是當時的哲學主題。這個主題又是圍繞三種核心學說展開的。它們是：柏拉圖的理念論，笛卡兒的第一哲學原理和康德的先驗哲學。因此，揭示了這三種

核心學說的前提，也就等於揭示了西方哲學
傳統的前提。

　　首先，柏拉圖的理念論是一種關於真理
的學說。其主張可以概括為：哲學是關於再
現表象的一般理論。這種學說的基本前提是
劃分原型和摹本，理念和表象。據此，佔有
準確的表象就是獲得知識、佔有真理的唯一
途徑，這是一種視覺中心主義的觀點，實質
上把人喻為自然界的一面鏡子。按照這種理
論，「去認知，就是去準確地再現心以外的
事物；因而去理解知識的可能性和性質，就
是去理解心靈在其中得以構成這些再現表象
的方式。」

　　其次，柏拉圖對於精神生活類型的等級
系統劃分在笛卡兒哲學中得到了重新強調。
笛卡兒夢想著某種第一哲學，它將比科學
（如物理學）更堅實，它將是所有科學的基
礎，並且可以用於證明我們對外部世界的知
識，而且笛卡兒最後斷定這種第一哲學就是
認識論──關於心靈的學說。笛卡兒的第一

哲學原理與柏拉圖的理念論所不同的是：它不是以外在世界（理念及其表象，原型及其摹本）的二元劃分爲根據去尋求一個精神生活類型的等級系統，而是轉向人的內心世界。因此，羅逖認爲，近代從笛卡兒開始，人的心靈成爲一面映照外在世界的內在鏡子，認識在心靈中發生。這樣，柏拉圖的知識即表象的理論進一步發展爲知識即外在實在的內在表象的理論，這也就是反映論的核心。由於心靈和外在對象的二元論劃分，這種向內心的轉向在邏輯上引發了外在實在是否眞正存在的唯物論和唯心論的長期爭論。羅逖由此精闢地推斷出：「決定著我們大部分哲學信念的是圖畫而非命題，是隱喻而非陳述。俘獲住傳統哲學的圖畫是作爲一面巨鏡的心的圖畫，它包括著各種各樣的表象（其中有些準確，有些不準確），並可借助純粹的、非經驗的方法加以研究。」

最後，康德的先驗哲學試圖透過對於純粹理性的全面批判，以劃清理性和信念、科

學和宗教、現象和本質（物自體）、此岸和彼岸的界限，從而一勞永逸地解決哲學史上唯理論和經驗論、唯心論和唯物論的長期爭端。然而，康德的先驗哲學所進行的實際工作仍然是為科學、藝術、道德和宗教提供基礎的工作，仍然企圖為人類的精神生活確立各種法則，使這些法則成為科學、藝術、道德和宗教必須遵循的普遍標準。康德提出的人為自然立法、人為社會立法、人為人自己立法的主張，或者說他所尋求的那種高妙的近乎神聖的哲學境界：遙望浩漢燦爛之星空，道德律令在我心中，明確地表明了康德哲學所遵循的仍然是由笛卡兒開創的近代認識論路線。

　　透過對於西方哲學傳統之前提的反省和批判，羅逖認為，古典哲學家們為人類精神生活進行分門別類且劃分等級的工作，在某個歷史階段上確實是必要的。畢竟這項工作協調了各學科之間的關係，劃定了各自的活動地盤和範圍。這項工作在當時甚至具有

「畫龍點睛」的功效，產生了引導人類的精神生活朝著由它確定的方向努力前進的深遠影響。因此，羅逖對西方哲學傳統雖然頗多微辭，但是並沒有一概抹煞它在人類精神發展史中留下的不可磨滅的功勛。然而，對於羅逖來說，揭示西方哲學傳統之前提的目的，不是為了給那個傳統歌功頌德。正好相反，是為了把那個傳統義無反顧地送進墳墓，宣告它的垂死或死亡。因此，羅逖從沒有想和那個傳統達成任何妥協，因為他非常清楚地認識到，古典時期哲學家們創作的一系列傑出的「畫龍點睛」之作（以前面評述的三個核心學說為前提），在今天已經沒有多大價值。因此，在羅逖看來，向古典哲學家們學習，創立某個新的哲學體系（探求一個精神生活類型的等級系統）的任何嘗試，都是徒增笑料的「畫蛇添足」之舉而已。

三、羅逖對再現論的批判

康德之後，西方哲學並沒有走向終結，
而是向著兩個方向獲得了新的發展，分析哲
學和大陸哲學（以現象學為主）。實際上，
分析哲學和現象學是康德哲學的新變種，它
們在根本上仍未擺脫表象這一概念的支配。
分析哲學透過語言分析獲得語言學式的精確
表象；現象學則透過本質還原和先驗還原獲
得這種表象。儘管在二十世紀之初，像杜威、
尼采、柏格森、狄爾泰、詹姆士、布拉德雷、
羅伊斯等人對傳統哲學（康德的前提概念）
進行過深刻的批判，然而像羅素透過發現
「邏輯形式」，胡塞爾透過發現「本質」以
挽救傳統哲學的危機那樣，仍有大量哲學家
自詡為西方哲學傳統的忠實繼承者。他們透
過發現某些新的特殊表象，繼續把哲學研究

作為一項嚴肅的事業來探詢。

按照羅逖的設想，西方哲學應該朝著一個新的方向發展，即「為了理解笛卡兒想去理解的問題，我們須要向外轉而非向內轉，須要朝向證明的社會環境，而不是朝向內部表象間的關係。」然而，實際的情況是西方哲學進入六〇年代之後，某些語言哲學家以西方哲學傳統的當然繼承者自居，他們認定語言哲學是當代的「第一哲學」。由此，這些哲學只不過透過以「語言」取代「心」的方式，即用語言學詞語重述了傳統的哲學問題，從而恢復或延續著許多標準的哲學爭論。羅逖認為，那些爭論不論叫作什麼名稱都屬於再現論的範圍。為了替當代西方哲學的轉向提供強有力的思想準備，並且為後哲學文化的創立掃清道路，羅逖不得不採取一種激進的立場來對待恢復傳統哲學爭論的任何企圖。這樣，在最近的科學哲學領域裡，以實在論和反實在論的爭論形式確立起來和恢復起來的再現論，理所當然地成了羅逖攻

擊的主要目標。

羅逖認為，以達梅特（Dummett）為代表的反實在論者，仍然在傳統的哲學問題上兜圈子，即仍然在再現論意義上處置著傳統哲學問題及其變種。他們認為，哲學史中的許多爭端可以透過揭示實在論和反實在論的差異而有益地重新獲得解釋，兩者的差異又被簡單地歸結為：「那組被爭議的陳述的意義差異。」實在論者斷定，一組有爭議的陳述擁有一個客觀的真值而獨立於我們認識它的工具，依據獨立於我們而存在的現實，它們是真的或假的。反實在論者則主張，一組有爭議的陳述只有藉由被指稱那類事件才可能被理解，他們把那類被指稱事件作為那組陳述的證據來看待。這樣，意義理論成為實在論和反實在論的爭論焦點。而且，他們確實以為透過對於意義理論的探討可以為未來哲學、科學、宗教、詩歌和道德提供基礎。

歸結起來，實在論者和反實在論者在再現論意義上的爭論，仍然是一種為整個文化

提供某個基礎的傳統哲學問題爭論的延續。
這是一種傳統哲學的最新變種，它沒有越出
傳統哲學中基礎主義的三個基本假定，即某
種文化需要有一個基礎；這個基礎是由一系
列特許的表象提供的；對於特許表象的探
詢，理所當然地成為一種在先的或優先的學
術活動（人類精神活動）。因此，再現論意
義上的實在論和反實在論爭論繼續著解決傳
統哲學問題的系統嘗試，然而，羅逖早已宣
判了這種嘗試的「不適當性」和「不必要
性」。

四、羅逖反再現論的基本內
　　容

　　早在1967年《語言學的轉折》一書中，
羅逖就提出了未來哲學發展的六種可能性，
其中特別提到，哲學由認識論轉向語言可能
並不是哲學的出路。他當時就預見到，語言

的轉向將可能被視為把哲學導向了一個死亡
的結局。他的上述思想隨著其反再現論思想
的形成而日益走向成熟。我們將看到，羅逖
對於反再現論思想的倡導是直接服務於其學
術目標的：為後哲學文化的創立提供理論準
備，它本身也構成了他的後現代主義哲學觀
的主要內容。

　　羅逖在最近明確提出，「正如實在論和
唯心論問題現在似乎成了過時的問題一樣，
實在論和反實在論（在達梅特意義上的那些
術語）的問題也將被拋棄。我私下以為，正
如絕大多數講法語或德語的哲學已經做到的
那樣，到了二十一世紀，講英語的哲學將對
再現論者的問題棄而不顧。」放逐了再現論
問題之後，羅逖反對為它尋求一個後繼者或
者是替代者，因此，他倡導的反再現論與其
說是一種系統化的理論，不如說是一種處置
社會文化的新姿態。這種姿態有點類似於法
國（A. Fine）的「自然的本體論態度」
（NOA），但是比那種態度更為激進，涉及

的領域更爲寬泛。

羅逖的反再現論不僅是再現論的反面，而且超出了再現論者討論的問題範圍。對於再現論圍繞眞理問題而展開的討論，它提出了一條新的社會化的解決途徑，即是除非有某些社會實踐被實施，否則將不存在稱爲「眞」或「假」的陳述。羅逖認爲人的語言和人的肉體一樣是由人生活於其中的環境塑造的。認爲人的心或語言不可能像再現論者認爲的那樣比人的肉體更接近（或更遠離）現實。羅逖指出：「我們在言語中必須徹底擺脫視覺隱喻，特別是鏡像的隱喻。有鑑於此，我們必須懂得，言語不僅不是內在表象的外在化，而且根本就不是表象。我們必須拋棄言語的以及思想的一致性概念，並把語句看成是與其他語句而不是與世界聯繫著的。」

羅逖否認再現論者如下解釋的有用性：從人的心或語言的內容中篩選並說出這項或那項「符合於」或「再現著」某種環境，而

其他項以那種方式沒有「符合於」或「再現著」該環境。羅逖認為再現論者的解釋是不必要的和不可能的。羅逖指出，西方哲學中這種視覺中心主義的反映論或再現論源於其一個根深蒂固的本質主義傳統。相似於西方哲學中的基礎主義傳統，本質主義傳統也有幾個毋庸置疑的假定或前提：

1.人是有本質的，人的本質即在於能夠發現事物的本質。這就意味著無論是人或事物，都有固定不變的本質。

2.就目的而言，所謂認識，就是事物本質（本來面目）的反映。

3.就途徑而言，認識是由特殊的心靈過程實現的，它是可以透過一般的再現理論來理解的精確表象。

4.就過程而言，認識是一個主觀不斷地符合客觀，主體不斷地逼近客體（客觀真理）的過程。

5.哲學為前面的這一切假定提供解釋和

論證，並確立一套公認的範式，從而爲各種學科或各種文化現象提供一個終極的評判標準。

　　羅逖借用了普特南的一個著名觀點：不存在關於主觀（心、語言）符合對象之精確性的獨立測試，從而得出了關於知識的反本質主義的思想見解。羅逖指出了那種獨立測試的不可能性，不過他並沒有由此導致知識的虛無主義，他想要做的工作只是試圖轉移哲學家們的注意焦點，把他們的注意力引向某些非哲學的領域。即如果從一個非再現論者的視野去重新看待各種文化領域（尤其是科學和政治學）的問題，將會有哪些新的發現和啓示。由此，羅逖預示了某個後哲學文化時代的到來。羅逖主張，即使我們停止去擁有內格爾（Nagel）稱爲「某個先驗的野心」的東西，我們仍然能夠使自己的生活充滿生機而令人讚嘆不已。羅逖提出了一種新文化：後哲學文化。在那種文化中，哲學家

們將不再關切諸如如何去觸及既獨立於心又
獨立於語言的現實問題。他們關切的問題將
是：「我們團體的界限是什麼？我們的遭遇
是否充分地自由和開放？我們在協同性方面
所取得的成果是否以我們喪失了去傾聽局外
人疾苦的能力為代價？對局外人而言誰具有
新觀念？」等等。這些問題與其說是形而上
學的或認識論的問題，不如說是政治學的問
題。

　　羅逖借用海德格的術語，稱西方傳統文
化為本體神學論傳統的文化，實際上是以哲
學（認識論、反映論）為基礎的文化，是貫
徹了邏各斯中心主義、本質主義、基礎主義
諸多形而上學的原則或假定的文化。隨著其
基礎、原則、假定的被揭示，羅逖終於否棄
了這種文化。這是羅逖所倡導的反再現論所
導致的最直接的，也是最具摧毀力的學術後
果。它既是羅逖哲學思想中最為激進和革命
的方面，也是引發學術界爭議最多的方面。

五、羅逖反再現論的兩大後果

透過前面各節的簡要敍述，我們看到羅逖的反再現論導致了多方面學術的和社會實踐的後果。歸結起來，主要有兩個方面：

1.羅逖完成了對於唯科學主義傳統的批判。

2.羅逖完成了對系統哲學的批判。

首先，十九世紀末，尼采對康德和黑格爾的反動是想用文藝，特別是文學來取代哲學（科學）作爲文化的中心，正如哲學（科學）早先取代宗教而成爲文化的中心一樣。羅逖追隨著尼采的思線路線，自稱爲「後尼采」的哲學家，就是要從根本上否定尋找某學科（如自然科學）爲文化之中心的嘗試。羅逖又特別言明，杜威的實用主義已經那樣

做到了，杜威使政治，特別是二十世紀美國
的社會民主政治成為他哲學思想的中心，但
他並未要求建立一個哲學體系。反之，他作
為一位實用主義者，却想要幫助知識分子們
擺脫將他們的道德和政治改革綱領置於一種
宏偉的非歷史性理論中去的需要。

　　羅逖特別提到，海德格是追隨尼采把文
學當作文化中心的另一右知識分子。海德格
認為，代表著人類超越自身和重新創造自身
的人是詩人，而不是教士、科學家、哲學家
或政治家。他認定西方文化今日須要以其先
前使自身非神學化的同樣方式來使自身非科
學化，認定西方文化是過於理性化了，並斷
定希臘人的「智慧」追求為人類的一大錯
誤，這種錯誤的根源在於試圖找到一種凌架
一切之上的知識系統，以便一勞永逸地為道
德和政治思考設定條件。和尼采一樣，海德
格強調文化活動的創新精神，強調個體的自
我否定、自我創新乃是其生命力所在。

　　羅逖從尼采、杜威、海德格那裡繼承了

文化的非科學化、非神學化和非哲學化傾
向，他提出的「反再現論」是前面三位學術
先驅努力的繼續，並最終從根本上否定了文
化需要某個學科作爲基礎的必要性和可能
性。這樣，我們可以說，羅逖走到了尼采路
線的終點。羅逖反對理性中心主義，反對有
關合理性和非理性的傳統區分，認爲尼采路
線不是一條「非理性主義」的路線。理性中
心主義也就是科學中心主義，科學中心主義
又是西方中心主義，即西方在自然科學發展
中的領先地位表明了它具有優越的「合理
性」。這種唯科學主義認定科學研究活動是
一種比其他任何一種社會活動更具合理性的
活動。它斷定「存在有某種被稱作『理性』
中心的人的機能（這種機能的發展是人類生
存的要義）而且自然科學表明比任何其他人
類活動更善於使用這種機能。」

　　這種唯科學主義的另一種表述是，科學
技術是第一生產力，是推動社會歷史進步最
革命的力量。正當世界許多地方全面神化

「科學」尤其是「自然科學」的時候，羅逖
卻明確地提出「自然科學的這種神化作用，
是當代西方哲學逐漸在使自己擺脫的若干觀
念之一。」羅逖對科學冷靜的批判態度有其
自身的目的：爲了讓西方人增進對非西方文
化的理解，這種理解不是爲了比較誰優誰
劣，而是爲了促進相互對話，取長補短，以
求共同發展。

　　對西方本土文化傳統態度的轉變也會導
致對非西方文化傳統態度的轉變。羅逖對西
方文化中心主義的否定，並不是使西方文化
消解爲無，而是重新看待和協調。西方文化
和非西方文化的關係，將它們都看作是世界
文化中的一部分。羅逖拋棄了舊的比較方
法，否定了那種比較方法的前提：即在世界
文化中，有一種文化是最接近世界本質的，
最接近眞理的。羅逖的努力從理論上論證了
世界不同文化進行平等、開放、寬容、和諧
的對話和交流的可能性及必要性，這是羅逖
哲學將給世界文化帶來的最爲重大的後果。

　　另一方面，羅逖哲學尤其是他的反再現論，給某些學科尤其是哲學帶來了毀滅性的後果。因為羅逖看到了這樣一幅學術圖畫：在十九世紀，對知識分子而言，哲學變成了宗教的代用品；在二十世紀，科學家們正像神學家們一樣遠遠離開了大多數知識分子，詩人和小說家取代了牧師和哲學家，成為青年的道德導師。於是，羅逖從杜威、海德格和維根斯坦那裡取得學術目標：拋棄再現論、拋棄笛卡兒的心的概念、拋棄形而上學，轉換哲學討論的話題，探討後康德、後尼采文化的可能性。此外，羅逖又從塞拉斯、奎因、戴維森、賴爾、麥爾柯姆、孔恩、普特南等處獲取為達到上述目標所需的手段，從而摧毀了對「心」的信任，對「知識」的信任和對「哲學」的信任。在指出分析哲學是另一種康德哲學，這種哲學的主要的標幟是把再現關係看成是語言的而非心理的，思考語言哲學而不思考「先驗批判」，也不思考作為一門顯示「知識基礎」學科的心理學的

同時，羅逖指出了以羅素、弗雷格為一派的
分析哲學運動是一場失敗的運動。因為，分
析哲學對語言的這種強調，基本上未曾改變
笛卡兒、康德的問題體系，因此，並未真正
賦予哲學一種新的自我形象。因為，分析哲
學仍然致力於為探求也是為一切文化建立一
種永恆的、中立的構架。這樣和以胡塞爾為
代表的大陸的現象學運動一樣，他們的企圖
都是一種逃避歷史的企圖，一種去發現任何
可能的歷史發展的非歷史性條件的企圖。它
們總是努力地使自己相似於文化中最合理與
最客觀的部分，扮演著一個最公正無私的調
解者或審判官的角色。對於前一種「永恆
化」的企圖，羅逖揭示出它是注定要失敗
的；對於後一種「客觀化」的努力，羅逖又
揭示出它是自欺欺人的。由此，所有的系統
哲學都成為不可能的了。這是羅逖哲學，尤
其是他的「反再現論」帶給西方哲學的一個
最重大後果。

　　當某種哲學傳統被當作某個文化基礎時，否棄那種哲學傳統也就否棄了那個文化本身。當羅逖實施這一否棄工程的時候，他的工作是批判性的和否定性的，這是我們在上一章裡討論的主題。

　　但是，羅逖的工作還有建設性的方面。也就是羅逖在犧牲西方哲學傳統及其變種的同時，開闢了可供人們談論的新的及更有趣味的話題。羅逖建設性地提出了哲學與其他學科、哲學家與其他知識分子，哲學與文化之關係的一系列新見解，這些見解又圍繞其根本性的觀念——後哲學文化觀而展開。

一、後哲學文化中的哲學

　　在西方傳統哲學中，哲學家們習慣於一項自上而下的研究或論證工作。他們先研究和解決一些形而上的哲學問題，提出某些最

一般的理論原則，然後運用那些原則去解決
或面對較爲實際的問題。這樣，形而上的哲
學見解便成了形而下的實際問題，或是社會
政治問題能否得到解決的根本前提。當神學
被否定之後，哲學似乎理所當然地應該去完
成神學未竟的事業。或者說，哲學似乎必須
去做神學不能做的事情。

羅逖明確指出了這種哲學研究活動是一
種自欺行爲。他指出在他之前的某些哲學
家，例如，維根斯坦、海德格和杜威，早已
對它表示過懷疑和失望。他們每一個人先前
都曾試圖找到一條使哲學成爲「基本的」新
路，一條擬定最終思想語境的新路。維根斯
坦曾企圖建立一種與心靈主義毫無關涉的新
再現論；海德格曾企圖建立一套與科學、認
識論或笛卡兒的確定性尋求毫無關涉的科學
哲學範疇；而杜威曾企圖建立一種自然化了
的黑格爾式的歷史觀。但是到了後來，他們
都放棄了自己先前的努力，且認定那種努力
是自欺欺人的。他們告誡後人要抵制把哲學

視爲文化之基礎的康德式觀點，並且於最終放棄了作爲可能學科的認識論和形而上學本身。羅逖指出，這些哲學家的後期研究是治療性的而非建設性的，是敎化性的而非系統性的，目的在於使讀者對自己哲學思維的動機質題，而非在於爲讀者提供一套新的哲學綱領。

羅逖從這些哲學家身上看到了另一種理智生活的可能性，並進一步推斷到了一種後康德文化的可能性。在這種文化中不存在一門爲其他學科進行論證，或奠定基礎的無所不包的學科。這種文化也就是羅逖竭力予以倡導的後哲學文化。

這樣，當再現論意義上的實在論和反實在論爭論被放逐了之後，當哲學的特許領域被抛棄了之後，傳統意義上的系統哲學研究工作，在羅逖看來，除了作爲敎化哲學家們用以批判和治療的消極參照對象之外，已經沒有任何意義了。哲學家們如果還想繼續存在的話，應該關心的已經不再是對於第一原

理的探尋，而是對於社會現實的關切。於是，
羅逖引導了當代西方哲學，尤其是當代美國
哲學之主題的一個重大轉向：放棄對於哲學
理論的首要關注，以對於社會現實的首要關
注取而代之。如此，羅逖引導哲學家們突破
了他們長期以來形成的狹隘的專業視野，引
導他們把注意力投放到了更加廣泛的領域。
同時，這個轉向既取消了哲學研究活動在諸
學科中、在文化中的基礎地位，又淡化了諸
學科之間的明確劃界，尤其是淡化了哲學家
的傳統角色，使哲學家的形象變得模糊起
來。

　　當然，羅逖沒有放棄所有的哲學觀點，
他只是主張以一種非哲學的方式來討論哲
學。羅逖也沒有取消哲學本身，而是取消了
哲學在文化中的傳統位置。因此，在後哲學
文化中，並非像有些人認為的那般，哲學將
消解為無，而是仍將繼續存在。然而，誠如
前面已指出的那樣，這種哲學已不再是系統
哲學，而是教化哲學了。羅逖認為，在後哲

學文化中，哲學家們仍有一些任務有待完成，或者說，未來的哲學活動將以如下形式而展開：

　　首先，繼續批判西方哲學傳統及其變種，揭露哲學的傳統努力的不可能性。羅逖指出，康德對自由意志問題戲劇化的做法，是企圖使所謂「哲學」學科安置於牢靠的科學大道上的一個不幸結果。更一般地說，作為一門特殊學科的哲學之存在，在我看來是在並不十分發癢之處造成了大量抓痕。試圖讓哲學科學化的嘗試是一系列失敗的嘗試這種嘗試失敗的根源在於追求客觀性、合理性標準的不可能性和不必要性。典型的情況是，一種新歷史、新理論或一種新小說，是以讓讀者驚嘆「正為我們所需」而取得成功的。作為歷史上的哲學革命，新哲學的產生也不例外，它是為了符合或迎合一部分人的需要而創作的。也正是因為較好地或較不好地符合或迎合了那種需要而成功或失敗的。這樣，理論是針對某一群體的，理論的成功

與否也由群體而定，而不是由理論本身的合
理性、客觀性和科學性獲得自我解說或辯
明。羅逖贊同尼采對柏拉圖以來的哲學傳統
的批評：「企圖避免面對意外事變和避免時
間及偶然機會。」認為渴望客觀性實際上是
渴望人類的永恆性，是害怕我們社會消亡的
一種隱蔽形式。羅逖極為讚賞尼采如下的眞
理觀：眞理是一套可變動的隱喻、換喻、擬
人化詞語，簡言之，即一套人間關係。這套
人間關係從詩學和修辭學上被提昇、轉換和
裝飾，並在長期使用中俘獲了人們，看起來
是必須絕對加以遵行的。眞理問題是傳統哲
學的核心問題，傳統哲學又把它歸結為客觀
性問題。羅逖把尼采的眞理觀和實用主義對
支持實在論的客觀性觀念之種種結構與內容
區分法的批評聯繫起來，認為眞理問題不是
客觀性的問題，而是協同性的問題。當人們
談論「眞」時，它是一種人們的自我認同以
及相互認同，而不是人們對於某個客觀實在
的趨近。「眞」是由具體而歷史的群體約定

當前在科學哲學領域的實在論和反實在論之
爭，仍然是一個人爲爭端，這種爭端是企圖
透過使哲學以根本無「實際」意義的研究領
域爲模型，以使後設哲學獲得一種人爲的純
淨化。

　　在後哲學文化中，人們將把求新立異放
在認識活動和實踐活動的首要位置。當某人
重寫或重述歐洲思想史的時候，別人希望從
他的重述中獲得的不是一部客觀的、合理的
或符合科學標準的歐洲思想史，而是希望得
到一些新的、有用的見解。人們被鼓勵對於
同一事件作出許多不同的解說，對於同一部
思想史敍說許多不同的故事。而且，當思想
史更漫不經心地處理哲學和其他學科間的區
別時，它就是最成功的。羅逖不同意麥金太
爾（MacIntyre）對哲學下的定義：「哲學
正是在任何領域裡的理智上自覺的研究。」
羅逖認爲將哲學用「理智上」的自覺來表示
和其他學科區別開來是不充分的。基於對理
智與經驗之傳統區分持著奎因式的懷疑，羅

逖將哲學定義為：「哲學正是研究者社團內的這樣一種爭論，它導致了與其他這類社團之間的摩擦或親近。」這是一個極為寬泛的定義，它實際上取消了哲學與諸學科之間的界限。在此，哲學幾乎類同於任何一門被稱作學科的東西。哲學不擁有獨一無二的問題域，將某些問題，諸如羅森伯格（Rosenberg）所列舉的十位當代哲學家（從羅爾斯到德希達）及十六位歷史人物（從阿奎那到穆勒）所共同關心的問題：「物理現實與社會現實、善與惡、對錯和正義等等的性質；所面對的世界的可理解性；人在世界中的地位；他們作為認知者和行動者的能力；他們的權利與責任；死亡與時間；意識和自意識；經驗和思想。」歸之於哲學問題便具有很大的人為性和隨意性。實際上，哲學家和其他知識分子都對那些問題具有興趣。羅逖指出，如果人們像羅森伯格那樣想把德希達、海德格、羅爾斯、塞爾都置於「哲學家」的名號下，那麼將必須把「理性的」一詞解

釋得如此廣泛，以致於可以認爲波德萊爾、
布萊希特、漢彌爾頓將也在提出「理性的觀
念」並實行著一種「辯證的」方法。哲學沒
有爲本學科獨有的主題。羅逖進而駁斥了羅
森伯格提出的取消閒談而返回正題的要求。

二、後哲學文化中的文學

　　在傳統的哲學文化中，哲學和文學無疑
是兩個涇渭分明，且常常互相懷有敵意的學
科，兩者的關係遠不如哲學和科學、哲學和
宗教的關係來得密切。隨著傳統哲學的被否
定，我們看到在後哲學文化中，哲學和文學
將成爲關係最爲暗昧的兩門學科，這種暗昧
關係已經在德希達、傅柯、卡勒爾等人的論
著中得到了很好的表現。爲了確立一個更容
易讓人接受的哲學形象，羅逖花費了相當多
的筆墨來討論哲學和文學的關係，而且把批

判目標主要指向了主張消解文學和哲學之差
異的德希達的解構理論。

在〈解構和迴避——論德希達〉
(*Deconstruction and Circumvention*) 一文
中，羅逖是基於如下幾點來討論哲學和文學
的關係：

1.我們需要的唯一一種哲學與文學的區
別，是根據熟悉物與非熟悉物之間的（暫時
的和相對的）對立，而非根據再現物和非再
現物之間或直意表現和隱喻表現之間更深
的、更引人注意的對立來劃出的。

2.關於語言是區分的遊戲以及獲得知識
的有用工具的事實，並不使我們有理由認為
像分延 (differance) 和蹤跡 (trace) 這些
詞可以對（或是為）哲學做出海德格未能以
自己神秘性詞語（存在、事情等）完成的事
情。

3.當德希達說哲學在其本身的「隱喻
學」上有一「盲點」時，他只是在一種熟悉

的黑格爾意義上才是正確的，即每一個哲學時代都指出了其前幾代人詞彙中固有的某些不自覺前提，從而擴大了有關的隱喻（並為下一代人準備了工作）。

4.海德格和德希達共同具有的有關「本體神學的」傳統貫穿了科學、文學和政治（這一傳統成為我們文化的中心）的主張，乃是誇大學院派專業性重要地位的一種自欺的企圖。

5.德希達的重要性，儘管他本人偶爾暗示和他的一些崇拜者強調，並不包括向我們指出如何把哲學現象看成文學現象，或把文學現象看成哲學現象，我們已經足夠清楚地了解如何做這兩件事了。反之，德希達的重要性在於追求某種學術專業性（或同樣地，某種文字傳統），即重新解讀由尼采開端而由海德格繼續下去的西方哲學本文。

6.海德格和德希達共同具有的關於如何「克服」或逃避本體神學傳統這個深奧的大問題，是人為虛構的。它應當由許多實用性

的小問題取而代之，這些小問題有關於傳統
的哪些部分可能對某個當前目的有用。

羅逖對哲學與藝術、詩歌、小說，尤其
是文學批評的關係的考察，是基於他對自十
九世紀以來西方文化現象演進的一個基本事
實的認識。在十九世紀期間，一種新形式的
文化出現了，這就是文學家們的文化，他們
是這樣一類知識分子：寫作詩歌、小說和政
論，並批評其他人的詩歌、小說和政論。…
到了二十世紀初，科學家們正像神學家們一
樣遠遠離開了大多數知識分子。詩人和小說
家取代了牧師和哲學家，成為青年的道德導
師。到二十世紀六〇年代，情況又發生了新
的變化，「文學理論」一詞現在通常用來指
稱與「十七世紀德國文學」或「現代歐洲戲
劇」等並列的某些文學教師的專門領域，它
與「對尼采、佛洛依德、海德格、德希達、
拉岡、傅柯、德・曼和李歐塔等人的討論」
基本上是同義詞。在英語國家的大學中，開

設較多有關近來法國和德國哲學課程的不是哲學系而是英語系。一方面，羅素、胡塞爾及其後繼者仍然熱衷於保持哲學的「嚴格性」和「科學性」。結果，哲學越成為「科學的」和「嚴格的」，它與文化的其他領域的關係就越少，而它所堅持的傳統主張就顯得更為荒謬。另一方面，一部分傳統哲學的叛逆者走出了狹隘專業的圈子之外，在廣大的非哲學領域裡產生著日益重大的影響。這第二個方面構成了羅逖討論在後哲學文化中哲學與藝術、詩歌、小說、文學批評之關係的主要內容。

羅逖的討論是圍繞著「解構」（deconstruction）一詞而展開的。羅逖指出，解構一詞在德希達著作中，正如「毀壞」一詞在海德格著作中一樣，作用很小。但由於造成德希達在英語國家中享有名聲的不是其哲學家同伴，而是文學批評家，不是想尋找對思想史的新理解，而是想發現閱讀文本的新方法的批評家。結果便在這些國家中產生了以

他本人為領袖的一個學派：解構主義。在這個學派的成員中，「解構」所指的，首先是把一個文本的「偶然」特徵看作是在背叛、顛倒其所聲稱的「本質」內容的方法。

解構涉及哲學和文學之間的關係，又是某些哲學家和文學批評家在解讀他人作品時必備的一種基本的方法，不過羅逖對「解構主義」學派的創新性表示懷疑。他承認解構主義透過促使哲學的文學化和文學的哲學化，在打破文學和哲學之間的嚴肅劃界方面有一定貢獻。德希達在哲學中的首創性是沿著由尼采和海德格奠定的路線繼續前進的，然而他卻拒絕了海德格在「思想家」和「詩人」，在少數思想家和多數低劣的作家之間所作的區分。於是德希達拒絕了尼采所輕視方和海德格加以挽救的那種哲學專業精神。結果，在他的研究中，哲學與文學的區分至多是一架我們一旦爬上以後就可以棄之不顧的梯子之一部分。透過消解哲學和文學之間的學科差異，德希達自以為趨向於「普遍

的、未分化的文本世界」了。羅狄則指出這種解構活動有兩點是極其不可取的：虛無主義和矯飾性（虛偽性、虛假性）。

　　羅逖也主張從根本上取消傳統哲學的地盤：對真理的自以為忠誠的追求，在模糊諸學科劃界的同時，羅逖也模糊了某些關鍵語詞，如「真」、「善」、「美」的界限。不過羅逖沒有由此而引向虛無主義，相反地，他把自己的觀點引向了徹底的歷史主義。羅逖強調諸學科的發展中有一個文學的階段，在這個階段，人們以一些反常話語來指示本學科的最新進展。此時，一切都同時相互競爭，討論的動機和詞語是論證的中心主題。羅逖以極其生動的語言描述了這樣的時刻：「我們把某種『文學的』或『詩的』時刻看作同期性地出現於很多不同的文化領域中，如科學、哲學、繪畫和政治，以及抒情詩和戲劇，在這個時刻中事物進展得不順利，新的一代不滿意，年輕人把按某一既定樣式完成的東西當作如此墨守成規，或當作如此沈

重地承受著孔恩（Kuhn）所說的『反常事
例』，以至於一種新的開端勢在必行了。」
因此，在羅逖看來，德希達等人只以解構來
化解哲學和文學的差異，並促成兩門學科的
融合，其做法是過於簡單化了。

　　解構活動就其消極面而言是一種逃避活
動，解構主義者努力迴避為人們熟悉的東
西，避開諸多老生常談和陳詞濫調；就其積
極面而言則是一種進取，一種開闢新地盤的
活動。羅逖看到了解構主義的這兩個基本方
面，譬如，他讚賞德希達對於本體神學傳統
的否棄態度，但是他不滿足於他在具體做法
上的過於矯飾和做作。德希達把本體神學傳
統在當代文化中的地位過於誇大了，其做法
恰似某君為抬高自己而抬高他的論敵的地
位。

　　哲學的發展周期性地會出現：「文學
的」和「詩意的」的階段，但是在這個階段
的哲學仍然被視為哲學而非文學。因此，哲
學的文學化並非哲學自身的目標，也非哲

的正常形態。與文學不同的是，哲學家夢想
著只有一種真隱喻。從古希臘的柏拉圖到當
代的科學實在論者，這個夢想一直被追尋
著、延續著。羅逖認為這個夢想是一個自掘
墳墓的夢想，它無可挽回地導致了哲學自身
的式微，由於這個夢想的一再落空，沮喪的
人們對哲學這個學科存在的理由表示了懷
疑。哲學家夢想的最終結局是導致哲學的封
閉性和自足性，或與現象世界的不相關性。
傳統哲學的思路即向真理的不斷逼近而把自
己引向了絕境。

　　說哲學家夢想著只有一種真隱喻，就是
說他們夢想去根除的不只是直接意義和隱喻
意義的區別，而且還有錯誤語言和真理語
言，顯相語言和實在語言之間的區別，這也
就是根除他對手的語言和自己的語言間的區
別。哲學家夢想著一種終極的語言，「它不
可能再接受注釋，不須要再被解釋，不可能
被以後世代拋在後面和加以譏笑。」這種語
言在走向完滿的同時也必然地走向封閉。羅

逖讚賞德希達對哲學活動之後果所作的如下
描述：不論何時，當一位哲學家苦心完成了
巴門尼德式完滿的圓型的一個新模型時，永
遠將會有某種東西伸出或溢出，永遠存在有
補充、邊緣、空間、在其中書寫著哲學本文，
這個空間構成了哲學可理解性和可能性的條
件。羅逖也指出了德希達的致命弱點：沒有
真正放棄哲學之夢想，他仍然想以一套新
的、陌生的或生硬的詞彙來描述或擴充哲學
的地盤，只不過一切都發生於哲學的邊緣地
帶，而不是哲學的核心，因為哲學的核心已
經被他消解了。德希達學說中最糟的部分，
正是他在那裡開始模仿他討厭的東西，和開
始自認為提供嚴格分析的部分。……像尼
采、海德格和德希達這類獨創性的和重要的
哲學家們在形成著新的說話方式，而非為舊
的說法方式做出驚人的哲學發現，結果，他
們多半不長於論證。

　　羅逖還將德希達和海德格進行了有趣的
比較。他指出，德希達努力使自己有別於海

德格，後者企圖但卻未能成功地去做前者想
做的事情，即非哲學式地書寫哲學，從外邊
達到哲學，作為一名「後哲學的」（post-
philosophical）思想家。但是羅逖對於德希
達工作的可行性仍然深表懷疑。在揭示：書
寫先於言語」、「本文使自身解構」等，德
希達式命題的空洞性的同時，羅逖提出了一
個頗耐人尋味的問題：「一旦文學擺脫了哲
學，文學的面貌如何？」羅逖實際上指出了
完全擺脫哲學影響的文學活動的不可能性。

　　總而言之，就在後哲學文化中，哲學與
文學的關係而言，我們可以從羅逖思想中作
出如下幾點引申或概括：

　　1.任何哲學論說都是有條件的，這種有
限制性既是某一流派的哲學家不自覺地假定
的東西，又是另一流派哲學家試圖克服的對
象，這使得任何一種哲學活動處於既留有廣
大的發展餘地又需為自身的有條件性作辯護
的兩難之中。

2.哲學發展有一個「文學的」、「詩的」階段，當這個階段成為過去的時候，或者，由於哲學家拒絕將本學科向其他學科開放，這使得哲學活動無法和其他學科進行有益的對話和交流。這樣，由於哲學的自我封閉性，使它在走向自我完滿的同時也走向死亡。

3.今天的哲學應該向文學學習，文學以敞開性、創新性為特徵，並承認自身的不完滿性、局部性、無根基性（可塑性）、不自足性和非自然性。導向文學化的哲學是未來哲學發展的一條生路。

4.文學化的哲學仍然是哲學，哲學話題的改變不是由哲學的文學化決定的，而是由其他因素促成的。其中能否符合或迎合其討論社團之成員的要求或需要是決定性的因素。哲學改革始於修正主義的史學，而不始於揭示邏輯形式。這是因為一種哲學的成功與否，取決於一批特殊的讀者，他們是一定教育的產物。如果要讓他們放棄某種哲學，

就必須讓他們相信自己讀了某種錯誤的哲學。而這裡「錯誤的」一詞只具有相對的意義，它只意味著另有人找到了一個更好談論的、更能引起人們注意的新話題，新話題是相對於歷史上的老生常談而提出的。哲學的設問並不能獨立於哲學的史學而變化或改進。羅逖鼓勵哲學家和非哲學家、哲學家之間進行廣泛的對話。鼓勵每個人在閱讀他人的著作。只要我們承認了哲學活動的非自然性和協同性，那麼對於哲學語言的「明斷性」要求就會減低爲一個外在的要求而非內在的要求。也就是說，按照羅逖信奉的歷史主義觀點，明晰性和類似性、熟悉性一樣是相對的，它們只是針對一部分讀者來說是如此或不是如此，它們和被談論對象的客觀性、合理性、實在性無關。不存在內在明晰性這種東西，而只存在對某一時期聽眾的熟悉性。哲學的文學化至多改變了人們討論哲學話題的方式，而不能改變那個話題本身。

　　5.哲學不是文學的基礎，正如它不是其

他學科的基礎。但文學有自己的基礎，自己的話題。「任何一種無始源和無目的的新寫作將也沒有根基，沒有一個主題。於是它更加不會告訴我們關於哲學的任何東西。」同樣地，「一種文學如果與一切均無聯繫，沒有主題也沒有題材，沒有有效的寓境，欠缺一種辯證的語境，那麼它只不過是胡言亂語而已。你不可能有無形象的基礎，無書頁的頁邊。」這是羅逖給於德希達關於哲學與文學關係之解構主義理論的一種最為中肯和透微的批評。

三、後哲學文化中的科學

自十八世紀以來，尤其是進入二十世紀以後，科學取得的巨大成就是毋庸置疑的，科學成為整個文化的基礎也似乎是一個毋庸

置疑的事實。當大寫的哲學被否棄了以後，
科學似乎理所當然地成為替補它的最好備選
者。因此，未來文化似乎只能是一種科學文
化或以科學為基礎的文化。但是，令人費解
的是，羅逖對以上觀點作出了否定的回答，
並為此作出了一系列艱難的辯護。其辯護是
圍繞以下幾個方面展開的：

㈠科學在文化中的地位究竟如何？

　　羅逖認為，科學並不具有特別的認識論
地位，它只是話語的一種形式而已。科學與
文化其他部門的分界不足以構成一個獨特的
哲學問題。因此，科學與其他學科之間的對
立是可能取消的。一旦「科學」不再具有令
人尊敬的意義，我們就無需用它來分類。科
學活動既然並非高明於其他人類活動，科學
就不應成為其他學科的典範。正如哲學不是
未來文化的基礎一樣，科學也不是未來文化
的基礎。因此，後哲學文化也是後科學文化。
在那種文化中沒有人，或者至少沒有知識分
子會相信，在我們的內心深處有一個標準可

以告訴我們是否與實在相接觸，我們何時與大寫的真理相接觸。在其中，無論是牧師，還是物理學家，無論是詩人，還是政客都不會比別人更「理性」、更「科學」、更「深刻」。

但是現代社會，人們普遍認為，科學家已經取代中世紀牧師和近代哲學家的神聖地位而成為人類與某種超人類的東西保持聯繫的人。隨著人類能力的日益膨脹和擴張，外在世界開始留下越來越多人類的痕跡。一方面，感性的東西、經驗的東西、藝術的東西日益帶有主觀的因素。另一方面，現在留待科學家們去探索的似乎只是客觀實在那一領域了，在那裡所獲得的知識便理應被當作真理，而科學的合理性和方法又擔保了科學家所獲得的知識就是真理。

羅逖認為，這種科學觀念導致這樣一種結果，即任何想在文化中佔有一席之地，但又不能提供自然科學所提供的預見和技術的學科，必須以科學的榜樣，透過模仿科學，

使自身變得較「科學」些，或是找到某種無
須發現事實便能達到「認知狀態」的方法。
與上述觀點不同，羅逖認爲，人們爲了確立
科學在文化中的基礎地位而在硬事實與軟價
值、眞理與娛樂、客觀性與主觀性之間作出
的區分，是非常棘手而麻煩的工具，用它們
來劃分文化，造成的困難比解決的困難還
多。如此，我們就過渡到了第二個問題。

㈡自然科學是自然類還是協同類？

　　羅逖指出，這不是一個駁斥或貶低自然
科學家的問題，而且上一個是否把自然科學
家看作牧師的問題。羅逖反對「科學作爲自
然性」的觀點，而贊同「科學作爲協同性」
的觀點。這種從「自然性」到「協同性」的
轉向實質上是現代主義科學觀向後現代主義
科學觀的轉向，它表明羅逖的後哲學文化觀
是一種徹底的反基礎主義文化觀。

　　持「科學作爲自然性」觀點的哲學家相
信，「科學」或至少「自然科學」命名了一
種自然性，一個文化的領域。而把這種性、

領域區分開來的是以下兩個特徵的一個或兩
個，即一種特別的方法，或一種與實在的特
別關係。羅逖指出，孔恩和費耶阿本德
（Feyerabend）的工作已經證明了自然科
學在方法上具有優越性（合理性）的不可能
性。於是他把考察重點放到另一個問題上：
科學究竟是否和實在具有某種特別的關係？
這實際上是從有關科學的方法論問題轉向了
有關科學的形而上學問題。羅逖又將它分解
為有關「科學實在論」的三個論題，即「實
在論與相對論」、「實在論與工具論」以及
「實在論與實用主義」。羅逖批判了圍繞它
們而存在的三個命題，分別是世界使信念為
真；科學具有一個獨特的方法；科學指向絕
對的實在。上述三大命題又可以表達為：科
學提供著「客觀的」真理；真理是與實在相
符的；科學是「合理性」的典範。

　　羅逖主張「科學作為協同性」的觀點。
「協同性」（soliderity）指把科學組織的
客觀性真理理解成「交互主體性」（inter-

subjectivity）。羅逖指出，那些希望協同性
以客觀性為根據的人（實在論者）不得不把
真理解釋為與實在相符合。於是他們必須建
立一種形而上學以考慮信念與對象之間的特
殊關係，並相信客體會使真信念與假信念區
別開來。他們還必須找到一種能證明信念之
真假的普遍有效的方法，必須建立一門考察
這種證明方法的認識論。與此相反的，那些
希望把客觀性歸結為協同性的人（實用主義
者），既不需要形而上學，也不需要認識論，
而只是把真理看成是那種適合我們去相信的
東西。如此，羅逖認為，說我們現在相信是
合理的東西可能不是真的，就等於說某人可
能提出更好的思想。這就意味著，永遠存在
著改進信念的餘地，因為新的證據，新的假
設或一套新的詞彙都可能出現。據此，羅逖
把自己描繪成這樣一種相對主義者：離開了
對某一社會在某一研究領域中使用的熟悉的
證明方式的描述，就不可能談論真理或合理
性。羅逖透過把客觀性歸結為協同性，主體

人的想像連在一起。哲學家發問，詩人回答。
為此他主張保留哲學的問題，而捨棄那些問
題的答案，因為它們是詩的而非科學的。羅
逖則進一步捨棄了哲學的問題，認為那些問
題已由新問題取代了，這種取代不是因為新
問題更科學，而是因為新問題更實用、更有
趣。

　　羅逖指出，我們的思想傳統中存在著兩
種習以為常的形而上學安慰，其一是認為與
非人的現實相聯繫的人類成員稟賦某種「權
利」，它賦予人類以道德尊嚴。這種觀念構
成了自啟蒙以來西方民主政治的基礎。其二
是認為人類社會自我毀滅的不可能性，人類
社會進步的必然性。羅逖主張放棄第一種安
慰，篡改第二種安慰。把協同性當作我們唯
一的安慰，而且無須為它找到形而上學的支
持。羅逖放棄了為萊欣巴哈等分析哲學家共
有的如下主張：

　　1.哲學開始於自然科學對自身的考察。

2.追求外在於自然科學的知識的企圖，即是對於被內在地運用於自然科學中之程序的反叛。

3.哲學在最近已變得科學和嚴密；哲學是對於科學知識的一種解釋或是一種擴張。

羅逖認為提供一種科學的哲學沒有必要，正如同為科學作出哲學的辯護沒有必要一樣。科學實在論正受到人們的唾棄，究其原因不在科學精神本身，而在人們將科學神化的傾向。因此，羅逖攻擊的是某種科學觀：實在論的唯科學主義，而非科學本身。

哲學不需要向科學學習，以便使自己變得更科學些；科學也不需要哲學的論證，以便使自己顯得高於其他學科。這樣「科學」一詞，以及在人文科學、藝術和科學之間的對立，就逐漸地消退了。諸學科不再去關心自己的哲學基礎，「科學家」不再自視為屬於準牧師級別的一個成員，公眾也不再自視為從屬於這一等級管轄（低人一等）的人

員，後哲學文化中的諸學科被看作是在指稱
其界線隨著其成員的興趣轉移而流動的共同
體。隨著諸學科界限的逐漸消解，對於一個
學科的性質和地位，正如在一個理想的民主
共同體中對於一個人的種族和性別那樣，已
經沒有什麼理由多加在意了。結果，後哲學
文化中的每個社會成員，無論是科學家、哲
學家、詩人、文學批評家還是政客，除了其
共同體的自我保存和自我改進，即文明的保
存和推進以外，沒有任何更高的目標。他們
將把合理性等同於那種努力，而不是等同於
對客觀性的期望。

　　綜上所述，透過對於哲學、文字、科學
及其相互關係的論述，羅逖化解了諸學科之
間普遍存在的爭強好勝的心理。在打消某些
學科好高騖遠的念頭之後，他讓它們都心平
氣和地去做自己能做的事情。羅逖改變了世
人對諸學科在整體文化中之地位的傳統看
法，向世人昭示了去嘗試一種新的生活方
式，去做一個新人的可能性。

第四章
文化、眞理和自由

一、語言是差別性的表演

自從第一位將自己區別於智者（so-phics）的愛智者（philo- sophics）蘇格拉底以來，哲學一般被視爲是一門關於追求智慧的學問。柏拉圖的理念論，柏拉圖對世界作出的等級劃分：原型、摹本、摹本的摹本，以及對人類精神活動作出的等級劃分，更構成了西方傳統哲學的永恆主題。因此，有人將西方哲學發展史歸結爲對於柏拉圖理念論的註解史是非常適當的。但是從哲學歷史發展的實際情況來看，人們大多把哲學家當作是智者而不是愛智者，當作智慧或眞理的當然擁有者而非其追詢者。這種「誤解」實際上在柏拉圖對蘇格拉底哲學活動的發探中就已經發生了。

我們看到，在蘇格拉底和柏拉圖（實際

上是畫面化了、被改裝了的蘇格拉底）之間
存在著兩種完全不同的有關智慧的追問方
式，兩種完全不同的哲學自我形象。作為歷
史上第一位自由反諷人，蘇格拉底以一個詰
難者的身份出現，他涉及的領域也就是整個
人類活動的領域。蘇格拉底沒有對整個人類
生活進行等級劃分，沒有對各學科進行等級
劃分，他只是對於當時被人們普遍認同的各
種習俗和典章制度的基礎表示懷疑。蘇格拉
底的哲學活動除了引起一種消極的摧毀作用
以外，並沒有產生什麼稱職的、建樹性的後
果，可是這一形象在柏拉圖哲學中已經打了
一個大折扣，柏拉圖讓蘇格拉底重新變成了
「智者」。柏拉圖有意識的試圖去完成蘇格
拉底予以拒斥的東西，即試圖給出一個有關
「真」、「善」、「美」、「公正」、「正
義」等等的後設敘事，試圖提供討論這些話
題的一套終極語言，因此，柏拉圖的努力走
向了蘇格拉底哲學活動的反面：試圖超出整
個人類活動領域，對某個與人類活動不實際

相關的領域進行探詢，等以此為基礎對人類
活動作出等級劃分。在柏拉圖那裡，人類知
識形成了一個從高級向低級遷延的等級序
列：理念真理（第一等）、經驗知識與意見
（第二等）和詩人的謬見（第三等）。結
果，當後人理解哲學這門學科時，大多是在
柏拉圖的意義上作出的。並且理所當然地，
對於第一等級的理念真理的首要關注便成了
對於其他觀念關切的前提。西方哲學中的哲
學主題儘管有過幾次轉向，然而並沒有從根
本上拋棄這個根深蒂固的哲學自我形象。

在《哲學和自然之鏡》一書中，羅逖系
統地批判且否棄了西方哲學的那個自我形
象。羅逖指出，西方傳統哲學把為人類知識
建立一個永久的、非歷史的知識構架，作為
自己的根本任務，古代哲學家如柏拉圖在我
們存在之外的領域去尋求這個永恆的中性構
架，近代哲學家如笛卡兒和康純則希望透過
對我們自己的心或先天理性能力的反省和批
判性考察，透過建立一門認知識論來建立這

一構架。在現代哲學中，分析哲學從本質上
來說，只是那個傳統的變種或延續。羅逖以
爲，對於當代分析哲學家來說，這一人類的
永恆構架往往被想像成存在於語言之中，語
言被假定爲一切可能的內容提供普遍的圖
式。可是實際上，不論是在人之外的存在中
還是在人心中，或在語言中，都不可能找到
這一永恆的、非歷史的知識構架。「笛卡兒
的暢想俘獲了歐洲的想像力。」可是羅逖認
爲，「爲了理解笛卡兒想去理解的問題，我
們必須向外轉而非向內轉，須要朝向證明的
社會環境而不是朝向諸內部表象間的關
係。」分析哲學家們視爲挽救現代哲學危機
之救星的「語言」是一種「公共的」自然之
鏡，正如思想是一種「私人的」自然之鏡一
樣；「一旦心理學說明中所需的內部表象和
語義學爲產生自然語言意義理論所需的語詞
──世界關係，被看成是與證明問題無關
的，我們就可以把放棄追求特殊表象，看作
放棄『知識論』的目標了。」

　　羅逖進而指出，傳統哲學和分析哲學都是鏡式哲學。近代哲學試圖發現並擦亮心靈之鏡來準確地再現世界，分析哲學則用語言之鏡代替了心靈之鏡，試圖用語言準確地再現世界。然而，語言和心靈一樣，都不能準確地再現世界。語言不映現世界。對於羅格斯中心主義者來說，「語言最好的時候，就是其對實在完全透明的時候，就是如亞里斯多德和黑格爾所說的，與其對象同一的時候。」而對於羅逖來說，語言是「差別性的表演」。符號之有意義，是因為其與其他符號的關係，即類似的關係和不同的關係，而不是由於其與某種心理之物的重合。語言體現的是一部分社會實踐和其他社會實踐的關係，是不同語言行為之間的關係，不是思維和存在的關係。而所有思想都在語言中，思想之有意義也只能是由於其與其他思想的關係。這樣，正如他在1967年《語言學的轉折》的序言中就已預見到的那樣，哲學由認識論轉到語言並不是哲學的出路，語言挽救不了

現代西方哲學的危機。

二、人類對話中的哲學

羅逖揭示了西方傳統哲學和分析哲學，企圖藉由心和語言再現世界的嘗試的不可能性，從而義無反顧地終結了那個傳統。不過羅逖沒有剝奪哲學這門學科的生存權，他只是剝奪了哲學中的某些世襲特權。一方面，羅逖要讓哲學自生自滅，正如啓蒙時期人們讓神學自生自滅一樣；另一方面，他要求哲學自覺地融入「人類對話」之中，充當「文化批判者」角色，繼續保持其啓迪人心的教化功能。羅逖最近明確指出，「在我看來，我們不應該問科學家、政治家、詩人或哲學家是否高人一等，我們應該按照杜威實用主義精神不再去探求一個精神生活類型的等級系統，我們應該把科學看作適用於某些目

的，把政治、詩歌和哲學（不被看作一門超
級學科，而是看作根據過去的知識對目前思
想傾向的一種明達的批評活動）都看作各有
其目的。我們應該拋棄西方特有的那種將萬
事萬物歸結為第一原理或在人類活動中尋求
一種自然等級秩序的誘惑。」

當西方哲學傳統對於第一原理探尋的企
圖被拋棄了之後，西方文化將會以一幅什麼
樣的圖畫呈現在我們的面前？在這種不以哲
學為基礎（或核心）的文化中，或者說，在
這種哲學喪失了其第一原理地位的文化中，
哲學作為一門學科將以什麼樣的面貌出現？
第一個問題是羅逖在其中文版著作《後哲學
文化》（1992，上海）中予以回答的問題，第
二個問題是羅逖在其最近出版的哲學論文集
第一卷《客觀性、相對主義和真理》的序言
中予以回答的問題。

羅逖在那篇序言中提出了在後哲學文化
中的一個新哲學形象。實際上那篇序言中的
標題已經明確地揭示了那個新哲學的基本原

則：「反再現論、民族中心論和自由主義」
（Anti-representationism, Ethnocentrism, and Liberalism）。羅逖在序言中寫道「按照反再現論的考慮，知識將不再是一個正確地得到現實的事情，而是一個取得處理現實的某些行動習慣的事情。這種考慮使得在解釋『硬性』現象和理解『軟性』現象之間的狄爾泰式區分成為多餘。它由此只承認各學述母體之間諸如理論物理學和文學批評之間社會學的，但非認識論的差異。」羅逖否棄了再現論，轉移了哲學家們的關注焦點，把他們的注意力引向了某個非哲學的領域。即如果從一個非再現論者的角度去重新審視各個文化領域（尤其是科學和政治學）的問題，將會有哪些新的發現和啟示。這樣，在羅逖看來，哲學家們應去關心的東西，已經不再是對於第一原理的探尋，而是對於社會現實的關切。於是，羅逖引導了當代西方哲學，尤其是當代美國哲學主題的一個重大轉向：放棄對於哲學理論的首要關注，以對於

義，在認識論上的反再現論，在哲學和文化
（或其他學科）關係上的反基礎主義等等。

　　〈實用主義、相對主義和非理性主義〉
(*Pragmatism, Relativism, and Irrationalism*)
是羅逖在1979年就任美國哲學學會東部分會
主席時的講演。在其中，羅逖對實用主義作
出了三個明確的概括：

　　首先，實用主義只是運用於像眞理、知
識語言和通往這樣一些觀念的反本質主義。
反本質主義是想放棄內在與外在，某物的核
心與其邊緣領域之間區別的企圖。因此反本
質主義並不是一種現象主義，而是根本否認
有本質的現象的區別。羅逖舉詹姆斯反本質
主義的眞理定義爲例：眞就是我們最好加以
相信的東西。眞理只是一個用來表示贊揚的
詞，而不是一個用來表示說明的詞。羅逖指
出，那些希望眞理具有一個本質的人，也希
望知識、理性、研究或思想與其對象之間的
關係也有一個本質。而且，他們希望能夠運
用他們對這樣的本質的認識來批評在他們看

來是錯誤的觀點，並爲發現更多的眞理指明
前進的方向。羅逖贊同詹姆斯的觀點，認爲
這樣的希望是徒勞的。也就是說，我們可以
以眞理問題的反本質主義爲例，構造關於知
識、語言、道德以及類似哲學思考對象的反
本質主義。實用主義並不僅是關心眞理問
題。

　　其次，在關於應該是什麼的眞理和關於
實際上是什麼的眞理之間，沒有任何認識論
的區別；在事實與價值之間，沒有任何形而
上學的區別，在道德和科學之間，沒有任何
方法論的區別。在這裡，羅逖反對道德和事
實的二元論，並不是要像柏拉圖那樣把道德
哲學看作是對善的本質發現，也不是要像康
德那樣讓通往選擇服從規則。相反地，羅逖
的意思是：所有研究（不論是科學的還是道
德的）模式都是對各種替代物的相對引人之
處的思考。由於在任何研究中，我們都不是
在發現該研究對象的本質，因此我們也不可
能發現任何永恆不變的普遍有效的眞理，因

而我們也不可能在進一步的研究中把這樣的
眞理作爲理性的規則加以簡單的運用。實用
主義所追求的不是服從機械的程序達到眞實
的信念，而是要儘可能地窮盡對特定狀況的
所有可能的描述和說明。

最後，對研究除了對話制約以外，沒有
任何別的制約，還不是來自對象、心靈或語
言本性的全面制約，而只是由我們研究伙伴
的言論所提供的零星制約，在拋棄了超歷史
的、非人類的計劃以後，我們又回到了我們
自己可錯的、暫時的人類計劃。正如蘇格拉
底當年的哲學活動一樣，我們的研究受到與
我們人類同伴的對話的限制。這種對話，正
如哈伯瑪斯（Habermas）所指出的，必須
是自由的，不受任何東西支配的，因爲所有
東西都是暫時的、人類的，因此是偶然的。
也正因爲如此，羅逖拋棄了對「終極的」、
「理想的」東西之期望，認爲一個自由社會
將滿足於把任何未受歪曲的會談碰巧有的結
果，任何在自由公開的遭遇中獲勝的觀點，

稱作是眞的、對的或正義的。而這些觀點仍
將面臨未來對話中其他結論和其他意見的挑
戰,因而永遠存在著修正和改善的可能性和
必要性。

三、導向自由的哲學說

我們認為,羅逖倡導的新實用主義有一
個最根本的特點是:羅逖對於形而下的政治
學問題的關心超過了對於形而上學或認識論
問題的關心。羅逖明確指出:「我以團體中
心主義觀念為中介把反再現論和政治自由論
連結起來,我認為反再現論者不應該迴避由
文化適應而產生的民族中心主義,而且,最
近的自由文化已經找到了一種避開團體中心
主義弊端的策略,這就是開明地面對其他實
在的和可能的文化,並且使這種開明性成為

它的自我形象的核心。」擁有這種觀念的人
將追求這樣一種團體，它既追求主體間的同
意，又追求主體間的創新，它是杜威曾經夢
寐以求的某個民主的、進步的、多元的團體。
羅逖認爲，持有這種觀念的人們將把「客觀
性」解釋成「交互主體性」或「協同性」，
把「眞理」理解成人們對於某一事物的讚
詞。他們將否棄如何觸及獨立於心和獨立於
語言的現實問題，而代之以一些新的問題：
「我們團體的界限是什麼？我們的遭遇是否
是充分自由的和開放的？我們在協同性方面
最近取得的成果是否以我們喪失了去傾聽局
外人疾苦的能力爲代價？對局外人而言誰具
有新觀念？」這些問題與其說是形而上學的
或認識論的問題，不如說是政治學的問題。

　　羅逖對於政治自由理論的關切是其近期
學術活動的焦點。羅逖提出的「民主先於哲
學」（the priority of democracy to phi-
losophy）的主張，即是一個哲學口號，又是
一個政治學口號。這個口號的變體是「自由

先於眞理」，儘管羅逖沒有明確地提出過這
一命題，然而《隨機性、反諷和協同性》一
書的主題就是這一命題。羅逖的哲學是一種
導向自由的學說而不是一種導向眞理的學
說。

「民主先於哲學」既是羅逖的政治自由
理論的集中體現，也是他在處理哲學和政治
學關係時表現出來的折衷主義傾向的集中體
現。羅逖的這個主張在哲學上表現爲一種激
進主義，就是前面提到的對於西方哲學傳統
的否棄態度，對於大寫的哲學和大寫的眞理
的否棄態度。羅逖的這個主張在政治上表現
爲一種溫和主義，即給予不同的文化團體進
行平等對話的機會。在〈民主先於哲學〉、
〈後現代主義的資產階級自由主義〉、〈反
本質主義和文學左派〉、〈哲學作爲科學、
作爲隱喻和作爲政治〉等文中，以及在《隨
機性、反諷和協同性》一書中，羅逖全面地
闡述了他的政治自由理論。

首先，作爲一名實用主義者，羅逖主張

未來的社會將由寬容主義者、多元主義者和
民主主義者構成。這些人的核心目標，就是
容許儘可能多的不同的個人目標得到實現，
以增加人類的幸福，這種寬容態度剝奪了一
部分自以爲是眞理擁有者的優先權或特權。
羅逖認爲，在那樣的社會裡，思想和政治的
自由、寬容、心胸開放，可以合理地成爲人
類幸福的途徑。因此，人類幸福和人類必須
求得某組終極眞理之間不存在必然聯繫。在
那樣的社會裡，眞理只是被當作由自由研究
獲得的意見。在這種自由的研究中，任何東
西，無論是終極的政治和宗敎目的，還是任
何其他東西，都可以討論，都可以得到蘇格
拉底式的詰難和追問。

　　其次，羅逖認爲，政治可以與有關最重
要問題的信仰相分離。也就是說，人們在那
些問題上的共同信仰並不構成一個民主社會
的必要條件。羅逖不想評判不同信仰的優
劣，從而對它們作一番篩選，說此信仰有益
於民主社會，而彼信仰有害於民主社會。相

反地，透過把信仰私人化，羅逖使信仰和民
主社會不發生必然聯繫來求得不同信仰者之
間的妥協。羅逖認爲，個人對於自己信仰的
真誠追求和民主社會之間的妥協有兩個方
面：「它有絕對主義的一面，認爲每個人都
無須特別的啓蒙就已具有了爲公民美德所必
要的全部信仰。這些信仰源於一種普遍的人
類官能即良心，因爲每個人的本質就在於具
有這樣的良心。正是這種官能產生了個人的
尊嚴和權利，但這種妥協也有其實用主義的
一面。它認爲個人如果在其良心中發現的信
仰雖與公共政治有關卻不能捍衛其公民伙伴
所共有的信仰，那麼他就必須爲公眾考慮而
犧牲自己的良心。」

在歷史上產生過有關人性、良心、理性
的各種學說，它們都斷定自己找到了人的本
質，斷定自己和其他有關人的信仰是不相容
的。羅逖對此進行了批判，指出「這是一種
『偏見』，決非來自人的『理性』的靈魂，
它並不具有良心的聖潔，因爲這是一種假良

心的產物。我們失去的東西絕非是犧牲，而
是解脫。」那種偏見實際上爲古希臘形而上
寫、基督教神學和啓蒙運動的理性主義所共
有。其實早在羅逖之前，像黑格爾、馬克思、
海德格、高達瑪等人已經批判過那種偏見。
羅逖只是把前人的批判引向了實用主義，使
它服務於自己的政治自由理論。

　　第三，羅逖認爲，正如在永恆的理性眞
理與暫時的事實眞理之間作出人爲區分是不
必要的一樣，對於實用主義的社會理論來
說，關於我們所認同的共同體的正當性是否
以包含了眞理爲前提的問題，是一個「畫蛇
添足」式的問題。因爲這個問題實際上可以
表達爲「說自由民主需要一種哲學辯護到底
有沒有任何意義。」正如政治可以與有關最
重要問題的信仰相分離一樣，政治也可以和
哲學相分離。羅逖主張「自由民主需要一種
哲學的說明，但無需任何哲學的基礎。」政
治學優先於認識論、民主優先於哲學、自由
優先於眞理。而且，即使自由民主離開了哲

學前提，仍然可以相安無事。

　　顯然地，在羅逖的政治自由理論中，作為一個核心問題來考慮的是哲學認識論和政治自由理論的關係。羅逖以犧牲哲學爲代價來確定一種新的不以哲學爲指導的政治自由理論。羅逖贊同《正義論》作者羅爾斯的觀點，認爲在考慮社會政策，構想政治制度時，正如歷史上倡導宗教寬容和啓蒙的人們，曾經主張把各種標準的神學問題擱置一旁那樣，實用主義者應該把標準的哲學問題擱置一旁。「爲了社會理論，我們可以把非歷史的人性，自我的本質，道德行爲的動機以及人生的意義這樣的問題置之一旁，我們可以把這些問題看作是與政治無關的，就像傑弗遜認爲三位一體和變體的問題與政治問題無關一樣。」這樣，哲學將不得不從政治舞台上隱退，羅逖實際上剝奪了哲學的世俗特權。哲學不相關於政治，不相關於民主和自由，和宗教信仰一樣，哲學終將走上私人化的道路。因此，我們可以稱羅逖的新政治自

由理論爲沒有哲學指導原則的理論，它和他的「後哲學文化」觀是完全一致的。

　　第四，哲學世俗地位的失落，哲學和社會關係的脫節，哲學的私人化並不意味著哲學的消亡。羅逖認爲，哲學喪失的僅僅是它在文化中的特權地位。在後哲學文化中，科學、文學、藝術都不可能取代哲學而享有那種地位。而且，哲學家們的研究工作仍將繼續，不過其目的已經發生了根本的變化。當系統哲學被放逐以後，羅逖認爲，教化哲學仍將繼續存在下去。這樣，在取消西方傳統哲學加諸社會政治理論之上的各種哲學前提的同時，羅逖又使自己的新實用主義哲學，直接服務於自己的政治自由理論，宣稱實用主義是一種「最後的人」的哲學。羅逖繼承了杜威的社會理想，認爲政治和社會的進步就是要使幸福的機會平等化。羅逖實際上以一種教化觀念來作爲他的新政治自由論的理論前導，倡導那種觀念的前驅者是黑格爾、海德格、高達瑪等人。它實際上是羅逖的反

再現論，團體中心主義和自由主義的綜合。
而他倡導的「民族中心主義」觀念又成爲新
政治自由理論的核心。這樣，羅逖的新政治
自由理論可以歸結爲對於一個根本性問題的
回答：我們應該成爲一個什麼樣團體的成
員？

　　這個問題不存在唯一準確的答案，它只
是表示了現代人對於自身和他人應具有的某
重寬容態度。羅逖以爲人沒有先天的本質，
人的形成過程是一個接受敎化的過程，而敎
化不再現對象，只成就自身。人的自我生成
與對對象的認識不存在因果關係，羅逖強調
人的生成之隨機性和隨意性，認爲有關人的
任何描述都只是一種描述。他提出了一種新
的「人」的自我形象：人的對立面不是上
帝，因爲上帝已死；但也不是一個空無，一
個不能被識破而只能用不斷更新的理解來命
名的深淵。羅逖不贊成沙特（Sartre）等人
在人性問題上得出的因果性結論。那種結論
認爲人已不再是一個「認識者」，也不再是

「眞理」或「實在」的追求者，人已被拋棄
到了一個空無之中，永遠地在其中無目的地
遊蕩下去。羅逖主張用一種實用主義的態度
來處置人類正面臨的困境：無法定義狀態，
認爲本質主義和邏各斯中心主義的終結只是
在人類對其與宇宙的其餘部分的關係的把握
方面，發生逐漸的、持續的、轉折的一個最
新階段。這是一種從崇拜上帝到崇拜聖人再
到崇拜經驗科學研究者的變化。「我們實用
主義者認爲，幸運的是，這個過程最後使我
們不能崇拜任何東西。」這種態度不是簡單
地將萬物消解爲虛無，否棄一切高尚的東
西，而恰好在於爲各種文化、政治主張、宗
教信仰和哲學思想的遭遇和對話提供了平等
的機會。羅逖指出「我們沒有理由在我們以
前崇拜光芒四射的邏各斯的地方，爲文學這
個以文學語言表達其聲音的灰暗的上帝設置
一個祭壇。實用主義者樂於見到的不是高高
的祭壇，而是許多畫展、書展、電影、音樂
會、人種博物館、科技博物館等等。總之，

了羅逖哲學上的激進主義，向政治學上的溫
和主義和庸人主義或平民主義過渡的內在機
制。羅逖對於在文化領域從而社會政治領域
的任何形式的特權都表示了不滿，並否棄了
那種特權的理論基礎。羅逖的工作具有明顯
的後現代主義傾向，儘管他本人在《論海德
格及其他哲學家》一書的序言中想否認這一
點。當他提出並全面地闡述了「後哲學文
化」、「民主先於哲學」的觀點之後，我們
看到，在當代西方哲學界，尤其是在當代美
國哲學界，一次重大的哲學主題的轉向正在
悄悄地進行：放棄對於哲學理論的首要關
注，而以對於社會現實的首要關注取而代
之。這實際上是一個引導哲學家們「重新返
回現實」的過程，作爲這個轉向的一個後
果，當代分析哲學家們的工作將不再是一項
爲現代文化所必需的「畫龍點睛」式的工
作，而是一項爲現代文化所厭棄的「畫蛇添
足」式的工作。哲學將不再是人們求達彼岸
的梯子，而成爲其累贅。實際上羅逖已從根

努力：試圖把公共事務和私人事務融為一
體。羅逖指出了這種努力的哲學和神學根
源：柏拉圖試圖對「為什麼保持公正符合某
人利益？」的問題作出回答，基督教關於完
美的自我實現可以透過效役於他人而求達的
主張。這種形而上學的和神學的嘗試要求把
人們對於完滿的追求述和某種共同性統一起
來，要求人們承認某個共同的人類本性。它
要求我們相信，對我們每個人最為重要的東
西也就是我們與他人共同的東西——私人之
完滿與人類之和諧是同源的。儘管某些懷疑
論者對此表示了異議，譬如，尼采就認為，
形而上學和神學是想使利他主義顯得比它的
實際更為合理的一系列超凡嘗試，不過這些
懷疑論者又典型地具有自己的人性理論。如
尼采的權力意志、佛洛依德的力必多驅力。
他們認定在自我的最深層處，不存在人類的
協同感，這種協同感僅是人類社會化的一種
矯飾。這樣，他們都成了反社會人物。

　　自黑格爾以來，史學思想家們試圖既超

張的史學家們仍然像尼采那樣，把社會化看作深藏於人身上之反神學的某樣東西。而像杜威和哈伯瑪斯那些追求更加公正和自由之社會的史學家們，則仍然傾向於認爲對於私人完美的追求是一種「非理性主義」和「唯美主義」的病態。

羅逖試圖對上面兩派史學作者作出公允的評論。他認爲，我們不必急於在兩派之間作出非此即彼的取捨，而是均等地對待他們，以利用他們服務於不同的目標。因此，克爾凱廓爾、尼采、波德萊爾、普魯斯特、海德格和那波可夫等作家便成了私人的完美典範，成了自我創造的自主的人的生活榜樣；而像馬克思、米勒、杜威、哈伯瑪斯和羅爾斯之類的作家，與其說是私人生活的榜樣，不如說是普通百姓的翻版，他們從事著一項公益的努力，努力使我們的制度或習俗多一點公正而少一點殘酷。羅逖認爲，如果我們硬要把這兩類人湊在一起，在一個單一的圖景中確立某種更爲深刻的哲學觀，以使

我們把自我創造和正義，私人完美和人類和
諧統一起來，那麼我們只好把這兩類人看成
是互相對立的。

我們無法達到那個統一，我們所能做到
的，是把公正而自由的社會看作是這樣的社
會：讓其公民隨心所欲地（在不傷害他人，
不搶掠他人生存所必需的資源的情況下）去
做他們的自私主義者、非理性主義者和唯美
主義者。達到這個目標不是一個理論的問
題，而是一個實踐的問題。

由於我創造必然是私人的、非分享的、
毋庸爭辯的；而公正務必是公共的、分享
的、交換意見的工具。由於在理論層面上無
法把自我創造和公正結合起來，關於人性、
社會性、合理性或其他任何事物的理論都不
能綜合馬克思、尼采、海德格和哈伯瑪斯。
於是羅逖乾脆主張，注重自我創造的作者和
注重公正的作者間的聯繫是毋需綜合的。一
類作者讓從我們認識到社會的善不是唯一的
善，因為有些人確實成功地重新塑造了自

己，於是我們自覺到自己有必要成爲一個新
人，一個我們目前尚難以言語的新人。另一
類作者則提醒我們，我們的制度和習俗是失
敗的，儘管我們確信我們已經習慣了那套公
共的、分享的語彙，但是它們仍然存在著有
待改進的大量餘地。一類作者告訴我們，我
們不必只說一個部落的語言，我們將找到一
套屬於自己的新語言，而且我們有責任找到
它們。另一類作者則告訴我們，那種責任不
是我們具有的唯一責任。

　　羅逖認爲兩者都有道理，但是沒有辦法
使兩者只講一種語言。他進而指出，如果我
們放棄把公共事務和私人事務統一起來的理
論嘗試，而滿足於以同等有效的，但却是永
遠不可通約的態度，去對待自我創造和人類
和諧的要求，那麼，我們將擁有一個新的關
於社會的自我形象和關於個人的自我形象。
羅逖以「自由反諷人」來命名未來社會中的
個人自我形象。作爲自由人，他們最難以容
忍的事情是人間的殘酷和冷漠；作爲反諷

人，他們敢於正視自己的最核心信仰，以及願望的隨機性和偶然性，他們放棄了認定那些核心信仰和願望指涉到某個超時空之物（自在之物）的觀點。上述兩種人合而為一就成了自由反諷人，儘管自由反諷人在其無法找到根據的願望中包含著這樣一個希望：苦難將被消解，人類的卑劣將被超拔。但是希望歸希望，事實歸事實，對於自由反諷人來說，「殘酷何以無法消解？」的問題是沒有解答的，「一個人如何決定何時應與非正義作鬥爭，何時應致力於自我創造的私人事業？」的問題也同樣是沒有解答的。上述問題正如以下令人絕望的問題一樣，折磨著自由反諷人：「為了解救 $m \times n$ 個無辜者的生命而犧牲 n 個無辜者的生命是不是合理？如果是，那麼 n 和 m 的精確價值各是多少？」

「某人何時可以愛護其家人、社團，甚於愛護他人？」羅逖認為，斷定此類問題存在著某些有根據的學理答案的人，在其心靈深處，仍然是一名神學家或形而上學家，他仍

然相信某種超越時間和變化的秩序。

　　由於自由反諷人主張不存在這樣一種秩序，他們受到了確信存在那種秩序的人們的嚴重排擠。羅逖看到了當今社會中人們普遍存在一種姿態和心態：絕大多數的非知識分子恪守著某種宗教信仰，有的則崇奉著某種啟蒙的理性主義。而自由反諷人的見解恰好違反著那種姿態和心態。如此乍看之下，自由反諷人不僅反對民主而且反對人類的和睦共處，反對與人類大眾及相信這種秩序必定存在的所有民眾和平共處。

　　對於這種指謫，羅逖作出了艱難的辯解，認為反對某個特殊的歷史規定，而且可能是轉瞬即逝的協同性形式不同於反對協同性本身。羅逖指出了一個自由的烏托邦的可能性：在其中，反諷主義以其明確的含義，是普遍的。在他看來，一種後形而上學的文化並不比一種後神學文化更不可能，兩者是同等合理的。在那個烏托邦中，人類的協同性不是透過清除偏見，或是探索到某種早已

隱藏著的深層領域就可以被認可的事實。相
反地，它是一個有待達到的目標。那不是一
個透過探索而是透過想像求達的目標。這種
想像力視陌生人爲苦難弟兄，協同性不是經
反思而發現的，而是被創造的。它是透過不
斷地增進我們對其他不同種類人們的痛苦和
屈辱之特殊隱情的了解而創造的。

　　羅逖要求不斷地擴大「我們」的隊伍。
這將是一個無止境的過程，一個日益豐富的
自由的實現過程，其目標是向著大寫的自由
逼近，而不是向著早已存在著大寫的眞理逼
近。人沒有先天的本質，羅逖認爲人只有存
在沒有本質。人類對本質的渴望實際上是對
於人的客觀性的渴望的一種隱喻，這種客觀
性又可以歸結爲人對永恆性的追求和企慕。
因此，羅逖對自由反諷人的描述和設計與其
對於形而上學和神學的否棄態度是完全一致
的。

　　人是一個自我生成的過程，它只成就自
身，不成就對象。這個過程是人接受敎化的

過程，也是人重新自我塑造的過程，這是一個創造甚於發現的過程。就私人而言，它不斷地導向自我完滿，允許個體進行自由的、隨心所欲的創造活動，允許個體成爲一個他想成爲的任何東西。就公共而言，它不斷地導向團體的自我協調和擴張，使得「我們」的隊伍日益擴大，不過它又是透過說服而非壓迫的途徑來達到上述目標的，而民族中心主義恰好是能夠展現未來人的自我形象的一幅藍圖。由此，羅逖從根本上放棄了環境決定論，把實踐活動（自由的、隨機的、隨意的選擇）放到了第一位。羅逖改變了在未來社會裡人們自我努力的重心和方向。當人不再圍繞本質、客觀性、永恆性來塑造自身的時候，羅逖實際上否棄了某些與人相關的學說存在的必要性和可能性。

　　綜合上述，未來人的自我形象最終成爲一個實踐的行動問題，而非理論的學術問題。我們最終只能形成幾個對人對己的態度，其目標是爲了在成就自身的同時也成就

第五章

結語：
走向後現代主義，
走向東方文化

　　現在，當我們準備結束對羅逖哲學思想
的介紹和評估的時候，我們想起了由羅逖哲
學思想引發的兩個重大的理論問題。即我們
從羅逖那裡能夠得到一個什麼樣的未來哲學
的自我形象？未來的後哲學文化是否孕育著
西方文化和東方文化之大融合的可能性？透
過對這兩大問題的探討，我們試圖對羅逖哲
學思想作出一個整體性的總結和評價。

一、未來哲學的自我形象

　　當面對「未來哲學將有什麼樣的自我形
象？」這一難題時，羅逖把目光引向了哲學
的過去而不是將來。透過一番艱難的追溯之
後，羅逖試圖返回到原汁原味的蘇格拉底哲
學，而不是滲了水份的柏拉圖哲學。羅逖要
清除這樣一個關於哲學的觀念：和其他學科
相比，哲學一直擁有著自己獨一無二的，而

且至高無上的問題域，對這些問題的解答構
成哲學這門學科的自我形象，也構成哲學和
其他學科的間距。我們看到，這項清除工作
實際上已經由馬克思、尼采、海德格、維根
斯坦等人先行做了起來，羅逖只是舊事重
提，繼續著先人的努力而已。透過摧毀對
「心」的信任，對「知識」的信任和對「哲
學」的信任，羅逖拋棄了再現論，拋棄了笛
卡兒的心的概念，拋棄了形而上學，拋棄了
分析哲學和語言哲學，也拋棄了最近的科學
實在論和反實在論。揭示出西方傳統哲學的
企圖都是一種逃避歷史的企圖，一種去發現
任何可能的歷史發展之非歷史性條件的企
圖。揭示出傳統哲學總是企圖使自己相似於
甚或高於文化中最合理、最客觀的部分，扮
演著一個最公正無私的調解者或審判官的角
色。我們看到對於傳統哲學的「永恆化」企
圖，羅逖揭示出它是注定要失敗的，對於傳
統哲學的「客觀化」努力，羅逖又指出它是
自欺欺人的。羅逖轉換了哲學討論的話題，

從而引導了當代西方哲學主題的一次重大轉向：以對於形而下的社會現實問題的關注取代對於形而上學和認識論之類第一原理的問題的首要關注。

我們從羅逖的哲學研究中預見到，透過如下否棄工作，未來哲學將會有一個嶄新的、更易於證人接近的自我形象：

1.否棄本體論。西方哲學有一個淵源流長的本體論神學傳統。可是有關本體論的諸多論證都是來自於其他學科，尤其是自然科學。哲學家除了表示贊同、反對、懷疑或無知於那些論證以外，不能提供更多的討論途徑。而且通常的情況是，本體論的討論，就像成人在小孩面前談「鬼」無補於孩子身心的健康成長一樣，只是從否定性方面拓寬了人們的視野，並非真正推進了其他學科的進步。

2.否棄認識論。有關認識論的諸多討論都是來自於其他學科，尤其是心理學。哲學

不可能拋棄那些學科的討論而自己劃定一個問題域，並說這個領域為其他學科未曾或無法涉足的領域，認識論的討論無法超越於其他學科的討論之上，認識論的觀點也無法超越於其他學科的討論之上。哲學家在討論認識問題時，可以發明和使用一套陌生於其他學科的語言，但其討論未必是最成功的和最高明的。

3.否棄方法論。方法論可以抽離具體的討論論題，但是方法論只有與具體論題相關時才有其意義。哲學方法論的普遍化企圖實際上是哲學的永恆化和客觀化企圖的變形。傳統哲學在方法論上的努力是失敗的，因為它搞錯了方向和目標。它把自己引向了一個與現實無關的永恆的目標：諸如實在、自在之物、大寫的真理等等。哲學方法論的非人間化、超世化和神聖化努力使它日益顯得荒謬和不可救藥。

4.否棄終極語言。語言學的轉向挽救不了現代西方哲學的全面危機。其主要原因是

因為哲學家希望得到又最終得不到能夠描述
終極實在或大寫真理的一套唯一的終極語
言。由於哲學的終極語言的不可能性，哲學
無法完成神學遺留給它的使命。語言學的轉
向只能是西方哲學長期以來一直在進行的一
場勝利大退卻中的一個最新進展。這場大退
卻的最終結局是哲學拱手交出它以前獨佔的
所有特權和地盤。因此，隨著語言學的轉向，
預示著西方傳統哲學的末日已經為期不遠
了，因為它已經沒有退路了。

　　由於哲學神聖化的不可能性，由於哲學
科學化的不可能性，由於哲學作為文化基礎
的不可能性，由於哲學不佔有特殊的問題
域，哲學論題隨時可能被其他學科的論題所
分解和取代。隨著哲學的無主題化、非專業
化、非職業化、平凡化或非神聖化，哲學將
作為人類精神活動的潤滑劑、紐帶、中介、
點綴、偽裝而繼續生存或繁衍於諸學科的邊
緣或縫隙之間，未來哲學除了選擇「擬文

學」的自我形象以外，別無他途。

二、走向後現代主義

在今天，羅逖哲學不僅是美國哲學界的熱門話題，而且是美國思想界的熱門話題了。羅逖倡導的反再現論和後哲學文化觀的影響力已經遠遠地超出了學術爭論的範圍，越出了美國國界，而具有了世界性的普遍文化現象的意義。這主要是因為，羅逖要否定的不僅是某種具體的哲學觀念，而且是某種以西方哲學傳統及其變種為基礎的文化。如果說，康德當年的工作是一場把上帝從此岸驅逐到彼岸，讓一切圍繞主體（人）而旋轉的哥白尼式的哲學革命的話，那麼，羅逖則要把哲學從文化的仲裁者位子上拉下來。羅逖不再讓哲學去享受某種形式上的文化特權。因此，羅逖並不是要讓哲學在文化中消

解爲無，而是要改造哲學在文化中的形象。
哲學這個學科將繼續存在，正如康德以後的
宗教將繼續存在一樣，但是哲學家們的主要
目的將「在於幫助讀者或全體社會擺脫陳舊
過時的詞彙和態度，而不在於爲現代人的直
覺和約定慣習提供『根基』。」我們從羅逖
那裡至少可以得到這樣一些啓示：

　　首先，就哲學的一般命運而言，在十七、
十八世紀，人們發展哲學是爲了同一個神聖
的文化領域——宗教進行抗衡。哲學以科學
和宗教、理性和信仰的調解者的身份出現。
像笛卡兒、洛克、康德這樣的哲學家明確劃
定了哲學研究的範圍，確定了哲學在文化中
的基礎地位。進入十九、二十世紀之後，科
學和理性在人們世俗生活中佔據了絕對的統
治地位。宗教和信仰的衰微，詩歌和小說等
世俗文化形式的興起，哲學本來也應自然地
改變其在科學和宗教、理性和信仰之間充當
調解者的角色。可是實際的情況是，一方面，
由於哲學的無節制發展，其力量的無節制擴

充和膨脹，哲學取代宗教而自以為是真理和權威的化身（以黑格爾的哲學體系為典型），其結果必然導致哲學自身的神化和神聖化。另一方面，哲學還以探索真理之工具的當然擁有者自居。它以居高臨下的姿態來面對人們的世俗生活，千方百計地把自己的意圖和意志強加於人們的世俗生活，且藐視一切非哲學的東西，要求其他文化形式，諸如科學、藝術、政治、宗教和道德都要以哲學為基礎。因此在今天，第一個要接受改造的不是其他文化形式，而正好是哲學自身。

其次，就哲學和其他學科的關係而言，在今天，哲學作為一門學科儘管沒有消亡，但是它在諸學科中的基礎地位已經喪失殆盡。許多學科不僅否認哲學的基礎地位而且以自己是否脫離哲學的聯繫作為衡量自己是否成熟的標準。因此，哲學在某種意義上已經成為一個被人到處驅逐和幽靈。它已經不再具有往日的權威和力量，一門科學發展得越是完滿，它就越是離開哲學的指引（或糾

也不再以真理或智慧的當然擁有者（或追求者）自居，相反地，他要帶領眾人重新肯定現實，他要自覺地限制哲學的範圍。真理將不再是一個只在彼岸閃爍的自在之物，而是可以人人得而用之的工具。就哲學家的命運言，在後哲學文化中，我們將看到，正如十九世紀的神學家們遭受驅逐和被人遺忘一樣，哲學家們將同樣地遭受驅逐和被人遺忘。世俗社會自發地隔離和疏遠了與哲學和哲學家的聯繫，剝奪了哲學家在文化中的仲裁者地位。它要讓哲學家自生自滅，正如當年讓神學家自生自滅一樣。

第四，哲學在後哲學文化中的再生。羅逖終結了傳統的和現行的哲學思維方式，然而羅逖沒有終結作為交談和對話之手段的哲學活動。羅逖要求哲學自覺地融入「人類對話」之中，充當文化批判者的角色，保持啟迪人心和教化功能。因此，在後哲學文化中，如果說哲學還有存在的自身理由，那麼其理由就在於哲學將發揮它的最後一種功能：後

設批判功能。用羅逖的話來說，就是對各門科學（包括自身）進行反諷的診療性功能。其關鍵之點，不在於確立一個正確、合理、成功的判定標準，而在於指出每一門學科的相對性和獨立性。它不企求去建立什麼，也不企求在已經達成的東西之外再去構築一個新的世界，或者在現實知識之外再提供一種無知識，而注重於對已經建成的東西作一番評判和考察工作。因此，在後哲學文化中，人們可以讓哲學自生自滅，但哲學不會真的消亡。

第五，後哲學文化無疑是一種後現代文化。儘管羅逖非常謹慎地使用「後現代」一詞，然而他倡導的後哲學文化顯然地是一種後現代文化。這一點主要表現在這種後哲學文化的激進目標上：否定權威、否定神聖化，否定對於真理的壟斷，否定文化獨裁團體的合法性，否定對人類精神活動進行等級劃分的必要性，否定對於第一原理的系統探尋等等。這種文化以對話、交流取代自上而

下的宣傳（佈道）和自下而上的勸諫。它不
想確定一種新的學術權威，只想確立一種新
的生活方式，這種生活方式就是人類的後設
創作活動。

　　在今天，以遊戲性、反諷性和自欺性爲
特徵的後設創作活動儘管只爲少數作家和評
論家所壟斷，儘管擴大讀者和大多數作者仍
然把語言創作活動和評論活動當作一項神聖
的事業，是只有極少數人可以涉足的領域，
世俗文化也在日益強化著這種偏見，人們都
相信作家們是爲了某個理想目標而創作，不
是爲了某種遊戲、欺瞞和虛榮而創作；不相
信作家們之所以醉心於創造發明是出於自私
的目標而非公衆的目標。然而，羅逖的後哲
學文化爲我們揭示了蓋在後設創作者身上的
層層面紗。它向我們暗示了：既然語言構成
了人和世界、人和人聯結、對話的中介，既
然人不僅生活於世界中，而且生活於語言
中，人被語言所包圍，那麼，誰擁有了語言，
誰就具有了「發言」和「對話」的權利。既

然從事語言工作是一種後設創作活動，一種
對各種禁區（舊規則）發動攻擊的壯舉；既
然它本來就不一定要有攻擊目標，它實質上
是語言能力的自我展示和自我擴充；既然語
言從本質上是非貴族的和自我強權的，我們
就有必要做到揭示掩蓋在語言之上的強權性
和貴族性。因此，在後哲學文化中，要否定
哲學的神話、政治的神話，也就是要否定後
設創作的神話及語言的神話，使語言不再是
「文以載道」的工具，而成為人人得而用之
的生活手段。如果說，在哲學文化中，在人
和語言世界之間存在著一個中介：哲學家、
藝術家、神學家、政治家、科學家等等，人
們得透過那個中介才能進入語言的世界，那
麼後哲學文化則以消滅那個中介為己任。這
個中介被取消的前提當然只能是「人」的改
造。這項工作不是在那個中介的影子下進行
的，而是在對於「人自身」完全信任的姿態
中進行的。最終，人與語言之間的溝通，語
言的自我擴張，對於人來說就不再成為人的

本質力量的一種異化，而成為人的本質力量
的眞正展示，語言世界也就不再成為一個高
高在上，普通人難以企及的世界。人眞正地
生活於語言之中，眞正地成為語言世界的創
造者和完成者。維根斯坦曾以語言為人類的
歸宿，以為人類找到了語言也就找到了自己
的家園。在後來的文化中，我們似乎得進一
步說，只有為各種專業作家對於某學科的壟
斷地位成為過去的時候，只有當局外人可以
和哲學家、科學家、詩人、政治家「平起平
坐」的時候，我們才能說，語言的世界眞正
成了所有人共同享有的居所。在後哲學文化
中，「文化不再由客觀認識的理想而是由美
學昇華的理想所支配。……在這種文化中藝
術和科學將成為自由自在的生命花朵。」

三、走向東方文化

　　哲學形而上學在西方文整體中曾長期占
據過主導地位或基礎地位。哲學家們儘管構
築的是一座座海市蜃樓式的精神宮殿，然而
其工作確實長期被當作一項至高無上的「畫
龍點睛」式的創造工作。那些在好奇心驅使
之下去建構哲學大廈的人們，其工作確實相
似於詩人的創作和建築設計師的構劃藍圖。
只不過出自各自不同目的，他們儘管都體現
了各自的秉性，但是顯然地，設計師的藍圖
畢竟可以轉換成一幢幢有形的大廈，詩人的
詩歌可以轉換成一個個豐富的形象世界，而
哲學家的作品卻很難在現實中找到一個對應
物或相似物，作為「最後的」一門學科，憑
空而造的哲學終歸於虛無，哲學形而上學的
不生育性，使它只能寄生於其他文化媒體才

能得到生存和繁衍。當文化發育成熟到一定
階段時，哲學形而上學就成為一個腫瘤，一
個累贅，被人們毫不珍惜地拋棄。在今天，
一種沒有哲學形而下學的文化仍然可以是一
種強有力的、有生機的、健全的文化，而一
種完備的哲學形而上學的文化卻可能是一種
虛弱的、正在走向衰亡的殘缺文化。

　　東方文化的復興依靠的不是一種純粹哲
學形而上學化的東西，而正是對於那種純粹
的形而上學化的東西喪失興趣。因此，東方
文化人對西方文化的態度，尤其是對於西方
哲學形而上學的態度是：冷靜地看著它走向
墳墓。東方文化人看到西方文化中一部分自
覺的反叛者已經看到了自己的末日的來臨，
看到了自己原來的哲學基礎、文化基礎的根
本動搖。他們都深切地感受到了西方文化、
西方哲學的自欺性，當他們把考察重點一致
轉向經驗、體驗、詩歌創作、「詩意的境界」
等等的時候，他們實際上把注意力轉向了東
方文化所關注的傳統領域。

　　我們看到，當現代西方哲學走向終極的時候，當如何構建後哲學文化成爲西方哲學和其他學術活動考察的第一問題的時候，東方文化向他們提供了最好的榜樣和出路。我們看到，西方文化日益自覺到自己是誤入歧途的，當它逐漸地正本清源的時候，它便逐漸地向著東方文化趨近，西方文化正在逐漸地向著東方文化復歸，而所有這一切都已經由羅逖哲學預見到了。羅逖哲學爲未來世界的多元化現實提供了很好的哲學論證，其中蘊含著一種世界和平主義的理想，並預示了東、西方文化在更加寬泛的範圍裡實現融合的理論前景和實際可能性。這是我們給予羅逖哲學的基本評價。

參考書目

英文部分

1.Richard Rorty, *Philosophy and the Mirror of Nature*, Princeton University Press, 1979.

2.Richard Rorty, *The Consequences of Pragmatism*, Minneapolis, 1982.

3.Richard Rorty, *Contingency, Irony, and Solidarity;* Cambridge, 1989.

4.Richard Rorty, *Objectivity, Relativism, and Truth;* Cambridge, 1991.

5.Richard Rorty, *Essays on Hediegger and Others,* Cambridge, 1991.

6.Richard Rorty(ed), *The Linguistic Turn: Recent Essays in Philosophical Mathod*, 1967.

7.Richard Rorty(ed), *Philosophy in history, Cambridge*, 1984.

8.Boyd, Gasper, and Trout(ed), *The Philosophy of Science*, Cambridge, 1991.

9.Putnam, H., *Meaning and the Moral Sciences*, London, 1978.

10.Quine, W. V., *Word and Object*, Cambridge, 1960.

11.Davison, D., *Inquiries into Truth and Interpretion*, Oxford, 1984.

12.Kuhn, T. S., *The Structure of Scientific Revolution*, Chicago, 1962.

13.Alan Malachowski(ed), *Reading Rorty*, Oxford, 1990.

中文部分

1. 羅逖，《哲學和自然之鏡》，李幼蒸譯，
  三聯書店，1987年版.

2. 羅逖，《後哲學文化》，黃勇譯，上海譯
  文出版社，1992年版.

3. 羅逖，〈戰勝傳統：海德格和杜威〉，余
  懷彥譯，載《哲學譯叢》，北京，1993年，
  第3期，頁6-13.

4. 佛克馬、伯頓斯編，《走向後現代主義》，
  王寧等譯，北京大學出版社，1991年版.

5. 涂紀亮主編，《語言哲學名著選輯》，三
  聯書店，1988年版.

6. 萊欣巴哈，《科學哲學的興起》，伯尼譯，
  商務印書館，1991年版.

7. 維根斯坦，《哲學研究》，湯潮、范光棣
  譯，三聯書店，1992年版.

8. 佛萊德、R·多爾邁，《主體性的黃昏》萬
  俊人等譯，上海人民出版社，1992年版.

9. 高達瑪，《眞理與方法》，洪漢鼎譯，上

海譯文出版社，1992年版.

10.尼采，《權力意志》，張念東、凌素心譯，
　商務印書館，1993年版.

11.羅爾斯，《正義論》，何懷宏等譯，中國
　社會科學出版社，1988年版.

12.黃頌杰，〈西方哲學出路何在——評R.羅
　逖的「後哲學文化」〉，載《復旦學
　版》，1994年，第1期，頁70-75.

13.張國清，〈羅逖：再現論，反再現論和當
　代西方哲學主題的轉向〉，載《哲學研
　究》，1994年，第7期，頁34-41.

14.郭貴春，〈「擬文學哲學」的本質特徵
　——羅逖「後現代」哲學思想分析〉，載
　《哲學研究》，1994年，第7期，頁25-33.

15.趙郭華、江立成，〈後現代哲學與現代西
　方哲學的終結〉，載《哲學研究》，1994
　年，第1期，頁64-72.

16.張國清，〈論羅逖的後哲學文化〉，載
　《浙江大學學報》，1994年，第3期.

17.孫利天，〈現代哲學革命和當代辯證法理

論〉，載《哲學研究》，1994年，第7期，
頁42-49.

18.王南湜，〈二十一世紀中國哲學精神展
望〉，載《求是學刊》，1994年，第3期.

羅逖　　　　　　　　　　　　　　　　　　當代大師系列 3

著　　者／張國清

編輯委員／李英明　孟樊　王寧　龍協濤　楊大春

出版者／生智出版社

登記證／局版臺業字第5332號

發行人／林智堅

副總編輯／葉忠賢

責任編輯／賴筱彌

執行編輯／鄭美珠

地　　址／台北市新生南路三段88號5樓之6

電　　話／(02) 366-0309　366-0313

傳　　眞／(02) 366-0310

印　　刷／偉勵彩色印刷股份有限公司

初版一刷／1995年8月

　ISBN ／957-8637-11-X

定　　價／新台幣150元

總代理／揚智文化事業股份有限公司

國立中央圖書館出版品預行編目資料

羅逖＝*Rorty*／張國清著． -- 初版．
-- 臺北市：生智，*1995*〔民*84*〕
面； 公分． --（*當代大師系列；3*）
參考書目：面
ISBN 957-8637-11-X（平裝）

1. 羅逖（*Rorty, Richard*）
－*學術思想－哲學*

145.59   *84002239*